영아와 애착

Infant and Attachment

● 유효순 지음

에피스테메
EPISTEME

영아와 애착

초판 1쇄 발행 / 2012. 8. 25.
초판 2쇄 발행 / 2013. 10. 1.

지은이 / 유효순
펴낸이 / 조남철
펴낸곳 / 한국방송통신대학교출판문화원
주소 서울특별시 종로구 이화장길 54 (110-500)
대표전화 1644-1232
팩스 (02) 741-4570
http://press.knou.ac.kr
출판등록 1982. 6. 7. 제1-491호

편집 / 신정숙 · 신영주
편집 디자인 / 토틀컴
인쇄 · 제본 / 한국소문사

ISBN 978-89-20-00997-6 93300
값 20,000원

책 머리에

80년대 초반 박사과정을 하던 어느 날, 선배이셨던 한덕웅 교수님의 연구실에 들렀더니 박사학위를 위한 연구 주제를 아직 못 정했다면, 이런 주제를 한번 연구해 보면 어떠냐 하시면서 책을 한 권 내미셨다. 집에 돌아와 읽어 보니 너무 흥미로워 주저 없이 학위논문 주제로 삼았다. 그것은 다름 아닌 에인즈워스(Ainsworth)의 '낯선 상황 실험'에 대한 책이었다. 그러나 막상 실험을 하는 것은 순탄치 않았다. 연구 대상 영아를 섭외하는 일은 어렵지 않았으나, 당시에는 승용차도 없고 비디오 촬영도 쉽지 않았던 터라 논문연구를 위한 실험에 진땀을 흘려야 했다. 뿐만 아니라 당시 '애착'에 관한 연구가 국내에선 한두 편 정도만 나와 있을 정도여서 참고로 삼을 연구들이 거의 없었다.

어렵사리 학위를 받고 나서는 한동안 애착에 대해서는 등을 돌리고 있다가 몇 년이 지나서야 다시 애착에 슬그머니 관심이 생겨 본격적으로 연구를 하게 되었다. 연구를 하면서 특히 우리 학과에 대학원이 생겨 대학원생들을 지도하면서 나는 애착의 진미를 다시 깨달았다.

이 책은 정년을 앞두고 30년의 방송대 교직 생활을 어떻게 마무리할까 생각하던 중 학교에서 학술도서 지원에 대한 안내를 받아 준비하게 된 것이다. 애착에 관한 연구들을 보면서 누구보다도 젊은 엄마들이, 아니면 앞으로 아이를 가질 사람들이 애착에 대해 쉽게 접근할 수 있는 책이 있으면 좋겠다는 생각으로 용감하게 이 책을 집필해보자 결정하였던 것이다.

그러나 집필은 마음같이 순탄하게 이루어지지 않았다. 공연히 책을 쓴다고 했나 하고 후회하기를 여러 번 했다. 그때쯤 맑디맑은 천사 같은 손녀의 얼굴을 이 세상에서 처음 만나게 되었고, 그날 나는 애착에 대한 책을 쓰기로 한 것이 잘한 일이었음을 확신했다.

내가 방송대에서 지냈던 30년의 시간을 이 책으로 멋지게 마무리 할 수 있도록 지원을 해 준 방송대에 깊은 감사를 표한다. 우리 방송대 학생들에게도 고마움을 표한다. 학생들의 자기계발을 위한 노력과 의지는 항상 나에게 자극과 희망을 주었고 그들을 가르치는 나의 일에 자부심과 기쁨을 느끼게 해 주었다. 또한 지난 여러 해 동안 한결같은 마음으로 나의 일들을 도와주었던 이채호, 원혜경 그리고 나에게 영아의 애착에 대해 다시 한번 생각해 보게 한 김정희에게도 고마움을 표한다.

무엇보다 지난 40년을 한결같이 든든한 지원자요, 조언자 노릇을 해 준 남편과 내가 늘 애착이란 주제를 생각해 보도록 한 우리 딸과 아들, 그리고 나한테 천사 같은 손녀를 안겨 준 며느리에게도 감사한다.

우리 손녀 지우가 살아가면서 스스로에게 닥칠 여러 가지 상황에서, 또 주변의 많은 사람들과 맺은 관계에서 자신의 이름처럼 지혜로운 단비가 될 수 있도록 건강하고 총명하게 자라길 기원하면서…….

2012년 7월

서울 대학로 연구실에서 **유효순**

차 례

제8장 | 가족체계와 애착

제9장 | 애착과 건강

제10장 | 애착에 초점을 둔 양육

제1장

애착이란 무엇일까

01 애착이란?

1 애착의 정의

3월 초, 따뜻한 햇살이 아직 퍼지지 않은 아침에 서둘러 어머니들이 아기를 안고 어린이집에 들어서고 있다. 그중 한 어머니와 아기가 눈에 띈다. 아기는 엄마와 떨어지지 않겠다는 듯 엄마의 목을 꼭 끌어안고 있고 걱정스러워 하는 엄마의 얼굴이 보인다. 교사가 반갑게 맞이하자 아기는 엄마의 목을 더 꼭 끌어안으며 운다. 억지로 교사에게 아기를 맡기고 엄마는 발길이 떨어지지 않는 듯 "엄마가 이따 데리러 올게."를 반복한다. 한편 옆의 한 아기는 엄마가 교사에게 자신을 인도하려 하자 잠시 엄마에게 매달리는 듯하더니 엄마가 "어린이집에서 재미있게 놀아. 이따가 엄마가 데리러 올게." 하고 다시 한번 꼭 안아 주자 "응." 하면서 교사의 손을 잡는다. 3월 초 처음으로 어린이집에 오는 영아반 아기들의 모습이다.

왜 이렇게 아기마다 낯선 환경에 대한 반응이 다를까? 왜 ○○이는 엄마 말에 수긍하고 교사 손을 잡는 반면 △△는 엄마와 떨어지지 않으려 할까?

이러한 궁금증을 풀어 볼 수 있는 단서 중 하나가 애착이다. 애착이란 영아가 주 양육자와 맺는 정서적 유대관계이다(볼비, 1969). 아기는 이 세상에 태어나 두 가지 중요한 도전을 하게 된다. 하나는 타인의 세계, 즉 사회적 세계에 대해 알아가는 것이고 또 다른 하나는 물리적 세계에 대해 알아가는 것이다. 타인의 세계에 대한 이해는 아기가 다른 사람, 특히 어머니의 존재를 알기 시작하면서 이루어지는 것이다. 이러한 어머니와 맺는 관계, 즉 애착관계를 처음 연구한 이는 영국의 정신과 의사이자 정신분석학자였던 존 볼비(Edward John Mostyn Bowlby)이다. 그는 영국 케임브리지 대학 졸업 후 부적응 소년들을 위한 학교에서 일을 하게 되면서 애착에 관심을 갖게 되었다. 그가 일한 학교의 소년들 중 어머니와의 관계에 장애를 가졌던 두 소년은 볼비에게 아주 중요한 인상을 주었는데, 나중에 그는 좀 더 체계적인 회상검사를 하고 나서 어머니와 아동의 관계에서 생기는 주요 장애가 후에 정신병리에 전조가 될 수 있다는 점을 확신할 수 있었다. 볼비의 관찰은 아동과 어머니의 관계가 아동이 성장해 기능을 하는 데 중요하다는 생각뿐 아니라 이 관계가 아동에게 결정적 요소라는 생각을 하게 하였다.

또 볼비는 정신분석학자이자 영화제작자가 된 제임스 로버트슨(James Robertson)과 함께 일하면서, 입원하느라 엄마와 격리돼 강한 스트레스를 겪는 아동을 관찰했다. 이러한 관찰을 토대로 만든 영화가 유명한 '병원에 가는 두 살배기(A two-year old goes to hospital)'이다. 이 영화는 엄마와 떨어진 아기가 겪는 극심한 고통을 인공적인 빛을 전혀 사용하지 않고 촬영카메라로 찍은 것으로, 엄마와 격리되는 아기가 나타내는 반응이 절망에 의한 화에서 비롯된 것임을 알 수 있게 해 주는 것이었다(Robertson & Bowlby, 1952). 이 영화는 후에 소아과 병동의 방문 규칙을 자율화하는 데 크게 기여했다. 오늘날 소아과 병동에 가 보면 어른들의 병동과 다른 점을 많이 발견할 수 있다. 아이들이 좋아하는 그림이 벽에 그려져 있고 동화책이 있고 놀잇감이 있는 방이 있다. 뿐만 아니라 간호사들은 흰 가운이 아니라 색이 있는 가운을 입고 있다.

볼비는 어머니와 이별했거나 사별한 아이들을 관찰하고 연구해 이들이 어른 못지않게 강한 정신적 고통과 고뇌, 즉 갈망, 비참함, 분노에 찬 저항, 절망, 냉담, 위축을 느낀다는 것을 알 수 있었다. 또한 그는 이별이 아이에게 미치는 장기적인 영향이 매우 심각해, 청소년기에 신경증이나 비행으로 이어지며 성인이 되어서는 정신질환을 가져올 수도 있음을 확인했다. 즉 볼비는 이별이나 사별은 한

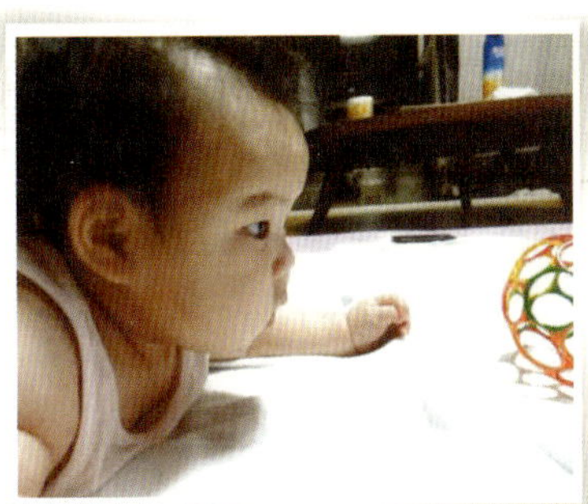

▶ 놀잇감을 쳐다보는 영아

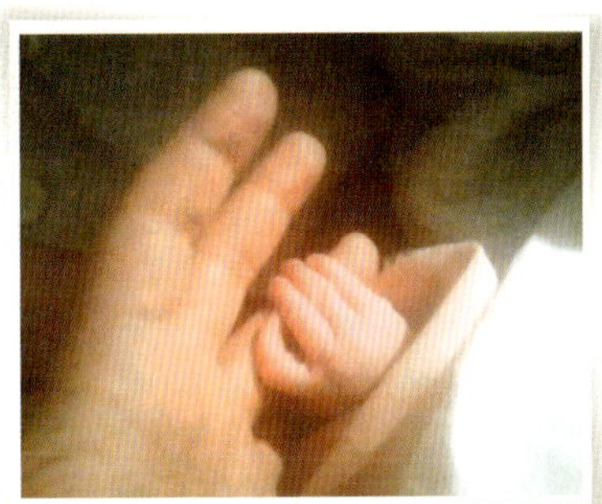

▶ 아빠의 손가락을 잡은 신생아

인간을 다른 인간과 연결하는 근본적인 유대관계가 끊어짐을 뜻하는 것이라 보았으며, 이 유대관계의 본질은 무엇이며 또 어떻게 발달하는지 의문을 갖게 되었다. 즉 관찰과 연구를 통해 볼비는 아기에게 어머니가 얼마나 중요한 존재인지 답을 찾고자 했던 것이다.

2 애착과 의존성

영아와 어머니의 관계는 발달연구에서 보면 어머니가 영아의 기본욕구를 충족시켜 줌으로써 형성되는 의존성 개념으로 설명되었다. 이 의존성은 영아가 기본욕구를 충족하기 위해 어머니에게 도움을 청함으로써 학습하게 되는 것으로, 지나치면 다른 사람에게 심하게 접촉이나 접근을 추구하게 되는, 바람직하지 못한 것으로 생각했다. 그러나 볼비는 영아와 어머니의 관계를 애착이라는 개념으로 설명할 뿐 아니라 영아가 어머니에게 애착을 형성하는 것은 영아에게 적응능력을 주는 바람직한 것이라 보았다. 애착은 주 양육자, 즉 엄마에게 처음 생긴다. 노경선은 무기력하게 이 세상에 태어나는 아기와 엄마 간에 형성되는 애착체계에 대해 다음과 같이 설명한다(《EBS 아기성장보고서 제작팀》, 2009, 재인용).

인류가 수백만 년의 진화를 거쳐 얻어낸 아기의 유전인자 속에는 어떻게 살아야 생존할 수 있는지가 각인되어 있고, 엄마의 유전인자 속에는 자식을 어떻게 길러야 한다는 인식이 각인되어 있습니다. 애착은 이러한 유전인자를 가진 두 사람이 만나서 만들어가는 관계죠.

애착과 의존성은 여러 면에서 차이가 있다. 의존성은 특정한 대상이 없다. 그러나 애착에는 하나 이상의 특정 대상이 있으며 특정 대상에 대한 행동은 같은 상황에서 다른 사람에게 하는 행동과 다르다.

애착은 출생 후 1년 사이에 주 양육자에게 형성되는 것이나 의존성은 애착이 형성되기 이전에도 나타난다. 즉 아기가 태어나고 몇 주 사이에 자신을 돌보아 주는 보모에게 의존한다는 것은 의심의 여지가 없으나 그렇다고 아기가 이 보모에게 애착을 형성한 것은 아니다.

의존성은 사회화의 압력을 받는 바람직하지 않은 것이지만 영아가 어머니에게 애착을 형성하는 것은, 영아가 어머니에게 친근감을 유지하게 하고 어머니와 정서적 유대관계를 형성해 어머니가 자신을 더 잘 돌보도록 자극하는 것이다. 이와 같은 영아의 어머니에 대한 애착은 영아가 이 세상에 대해 기대하고 가정하게 하는 것으로, 건전한 정신건강 형성에 필수 요소이다.

3 애착관계의 특징

영아는 주 양육자에게 애착을 형성한다. 이러한 주 양육자와 영아의 유대관계, 즉 애착관계는 세 가지 주요 특징을 갖는다.

첫째, 애착 대상을 찾는 근접성이다. 평소 어머니들이 느끼지는 못하지만 아이들은 엄마가 어디를 가든 열심히 따라다니며 접근하는 성향을 가지고 있다. 아이가 어느 정도 엄마와 가까이 있어야 편안하게 느끼는지는 아이의 나이, 기질, 경험 등 여러 요인에 따라 다를 수 있고, 또 아이가 피곤하거나 아플 때도 다르다. 엄마가 아이의 근접성을 새삼 깨달을 때는 아이가 아프거나 엄마와 떨어졌다가 다시 만났을 때다. 예를 들어 아이가 아플 때는 아이가 엄마한테 꼭 매달려 떨어지지 않으려 하는 경우가 있다. 아이가 처음 어린이집에 갔다 온 날은 평소와 달리 더 심하게 엄마 곁을 떠나려 하지 않을 것이다. 이렇게 특별한 대상에 대한 근접성이 볼비의 애착이론에서 중요한 개념 중 하나이다.

둘째, 안전기지의 역할이다. 애착 대상(엄마)이 애착을 느끼는 사람(아기)에 대해 만들어 낸 환경을 묘사하기 위해 메리 에인즈워스(Mary Ainsworth, 1982)는 안전기지(secure base)라는 용어를 사용했다. 안전기지는 본질적으로 호기심과 탐색을 위한 발판을 제공한다. 바로 애착 대상은 영아에게 안전기지가 되어 영아가 탐색을 하게 하나, 위험을 감지하면 영아는 애착 대상에게 매달린다. 일단 위험이 지나갔다고 생각되면 애착 대상이 존재한다는 사실 때문에 영아는 다시 놀이나 탐색으로 돌아간다. 그러나 영아가 다시 놀이로 돌아갈 수 있는 것은 애착 대상이 자신이 필요로 할 때 항상 존재할 것이라는 믿음이나 확신이 있기 때문이다. 영아가 엄마를 안전기지로 사용함을 잘 나타내는 연구(Anderson, 1972)를 보자. 연구자는 런던의 한 공원에서 엄마들과 그들의 아기들을 관찰했다. 엄마들은 공원 의자에 앉아 책을 읽거나 이야기를 했다. 그러는 동안 영아들은 엄마들 둘레에서 놀았다. 또, 영아마다 보이지 않는 행동반경을 가지고 있으며 그 범위를 넘어서 더 나아가려는 모험을 하지 않음을 알 수 있었다. 영아가 행동반경 경계선에 가까워지면 불안한 표정으로 엄마 쪽을 바라보기 시작함을 알 수 있었다.

셋째, 애착 대상과 분리 시 저항을 들 수 있다. 볼비는 저항은 영아가 부모와 떨어질 때 보이는 1차적 반응이라 보았다. 엄마와 분리될 경우 울고 비명을 지르고 소리 지르고 발로 차는 행위, 이러한 행위는 애착유대감을 위협할 때 정상적으로 나타나는 반응이며 애착유대감을 회복하려는 기능이다.

02

애착이론

1 정신분석이론과 사회학습이론

왜 아기는 엄마와 정서적 유대를 형성할까? 볼비가 아기와 엄마의 관계에 관심을 갖기 시작하던 당시 엄마에 대한 아기의 유대관계는 2차 추동이론으로 설명되었다. 정신분석학과 사회학습이론에서는 모두 엄마에 대한 아기의 관계는 엄마가 아기를 먹여 주고(Freud, 1957; Sears, Maccoby & Levin, 1957) 배고픔을 해소시켜 주어 이것이 엄마라는 존재와 연합이 되기 때문이라고 보았다.

프로이트(Sigmund Schlomo Freud)는 아기가 기본욕구를 충족하려는 것뿐만 아니라 주위 환경 속의 사람과 관련을 맺으려는 것이 생물학적 성향이라고 보았다. 이 두 종류의 본능은 유아 초기뿐 아니라 성적 정신발달단계의 발달 사이클을 통해 서로 관련된다.

프로이트에 의하면 애착은 자아보존, 즉 자아본능(ego instincts)보다는 성본능(sexual instincts)과 관련된다. 그리고 애착의 대상은 본능의 대상이 되며 그러한 대상을 얻고 조작하는 것이 본능적 목적이 된다. 이 대상 자체는 다른 사람, 때로는 동물이나 무생물일 수도 있으며 자신을 대상화할 수도 있다. 프로이트는 초기에는 자아본능이 자신에게로 향하며 자신에게서 어느 정도 만족을 얻을 수 있다고 보았다. 이러한 상태가 바로 나르시시즘(narcissism)으로, 그는 이것을 자기애착이라고 했으며 모든 사람에게 공통적인 초기 단계로 보았다. 이러한 정신분석이론에서는 성적 정신발달단계에 따라 애착 대상의 선정에 고착이 일어날 수 있고, 엄마에 대한 유아의 공생적 의존관계가 성인기까지 지속되는 것은 유아에게 자율성과 사랑을 주는 능력을 방해하는 바람직하지 못한 것으로 보았다.

한편 로버트 시어스(Robert Sears, 1963)나 존 화이팅(John. M. Whiting, 1944) 같은 사회학습 이론가들은 어머니와 유아의 관계를 의존성의 개념으로 보았다. 특히 이들은 유아가 어머니에게 의존하는 것은 어머니가 기본 생리적 욕구를 충족해 줌으로써 획득된 2차 추동이라 보았다. 그러나 이러한 2차 추동 모델은 곧 도전을 받았다. 해리 할로(Harry Harlow)의 유명한 원숭이 실험 등은 애착행동의 발달에 기본 생리적 욕구충족 이외에 접촉위안이 얼마나 중요한지 잘 보여 주었기 때문이다.

할로(1958)는 새끼 원숭이가 스트레스 상황에서 자신이 젖을 먹던, 철사로 만든 모형 어미 원숭이가 아닌 부드러운 털옷을 입은 모형 원숭이를 찾는 것을 실험으로 알 수 있었다. 할로는 철사줄로 원숭이를 만들어 가슴 부위에 젖병을 꽂아 배고픈 아기 원숭이가 젖을 먹게 하면서 키웠다. 그리고 옆에 젖병은 없지만 부드러운 털옷을 입은 모형 원숭이를 만들어 놓자 새끼 원숭이들은 젖을 먹을

▶ 할로의 '옷을 입힌 대리모 원숭이'

출처: http://kevishere.wordpress.com/2010/04/03/the-power-of-love/.

때만 철사줄 모형 원숭이에게 매달려 젖을 먹고 대부분의 시간은 옷을 입은 모형 원숭이에 매달려 놀았다. 어느 날 시끄러운 소리를 내는 모형 로보트를 새끼 원숭이가 있는 방에 들여놓자 새끼 원숭이는 얼른 옷을 입은 모형 원숭이에게 매달려 소리를 질렀다. 이후에 이루어진 체계적 연구들(에인즈워스, 1967; Schaffer & Emerson, 1964)에서는 동물뿐 아니라 인간의 아기도 자신을 먹여 주지 않은 사람에게 애착을 형성함을 보고하고 있다.

2 동물행동이론

애착에 대한 동물행동이론의 주창자는 볼비이다. 처음 애착이론을 발달시킬 때 그는 콘라트 (차하리아스) 로렌츠(Konrad (Zacharias) Lorenz)나 할로의 연구 결과를 보고 정신분석이론이나 사회학습이론의 주장에 회의를 갖게 되었다.

로렌츠는 어려서부터 동물에 관심이 많아 어류와 조류, 개, 고양이, 토끼 같은 동물들을 집에 데려와 길렀다. 아버지의 바람에 따라 의학을 공부했지만 양생동물에 대한 미련을 버리지 못하고 다시 오스트리아의 빈 대학에서 동물학을 연구해 동물학 박사학위를 받았다. 로렌츠와 같은 동물행동학자들은 본능에 관심을 갖는다.

본능이란 학습되지 않은 특별한 종류의 행동이다. 본능에는 몇 가지 특징이 있다. 무엇보다 본능은 특수한 외적 자극에 따라 일어난다. 예를 들어 암탉이 위험에서 병아리를 보호하려는 본능을 들 수 있다. 병아리가 위험할 때 암탉은 특수한 자극, 즉 병아리가 울부짖는 소리에 반응하는 것이라 한다. 둘째, 본능은 종 특유의 것으로, 동물의 경우 싸우는 자세나 구애 행동, 어미를 따르는 행동 양식 등이 언제나 고정된 행동 유형으로 나타나는 것을 알 수 있다. 마지막으로 본능은 진화의 산물로서, 종의 생존 가치를 높인다.

로렌츠는 여러 동물들의 행동을 관찰하다 생존가능성을 높이는 행동 패턴을 발견하게 되었다. 로렌츠(1965)는 어미 오리가 낳은 알

▶ 로렌츠를 따라다니는 새끼 오리들

을 두 집단으로 나누어 한 집단의 알은 어미 오리가 부화하게 하고 다른 집단의 알은 부화기에서 부화시켰다. 첫째 집단의 새끼 오리는 우리가 알고 있듯이 부화하자마자 어미 오리를 따라다녔다. 그러나 부화기에서 부화하자마자 로렌츠를 보았던 두 번째 집단의 새끼 오리들은 로렌츠를 따라다녔다. 두 집단의 새끼 오리들을 구별할 수 있게 표시한 뒤 상자로 덮은 다음 어미 옆에 로렌츠가 나란히 서서 상자를 들어 올린 뒤 걸어가니 새끼 오리들이 각각 두 집단으로 나뉘어 줄을 서 따라갔다. 로렌츠는 이런 현상을 각인(imprinting)이라 했다.

각인이란 새끼 새가 알에서 깬 직후 어미 새를 따라다니는 행동으로, 이는 새끼가 어미 곁에 있음으로써 먹이를 얻을 수 있고, 위험으로부터 보호받을 수 있기 때문이다. 본능적인 각인 행동이 로렌츠가 관찰한 바와 같이 모두 어미에게만 일어나지 않음을 알 수 있다. '아름다운 비행'이라는 영화에서 우리는 바로 이 각인 현상을 볼 수 있는데 주인공 에이미는 기러기 알을 주워 와 부화를 시킨다. 알에서 깨어난 기러기 새끼들은 자신들이 깨어나자마자 보았던 에이미를 졸졸 따라다녔다.

이렇게 기존 이론에 만족하지 못했던 볼비는 진화생물학자, 동물행동학자, 발달심리학자, 인지과학자, 통제체계이론가들과 교류하며 영아와 엄마의 유대관계에 대해 새로운 설명을 하려고 했다. 그는 엄마와 영아의 유대는 진화에 따라 유발된 기제라는 새로운 제안을 했다. 나아가 그는 엄마와 아기의 특별하면서도 아주 강한 이 유대는, 특히 이 유대에 장애가 있는 경우 그 유대가 학습(2차 추동)이 아니라 자연도태 과정에서 생물학적으로 부여된 접근성의 욕구와 관련되어 있음이 분명하다고 주장했다.

애착은 아기와 엄마가 만들어 내는 유대로, 생물학적으로 아기와 엄마는 서로 애착을 형성하도록 되어 있다. 갓 태어난 아기는 입술 주변에 무엇이 닿으면 그것을 빨려고 한다. 그뿐 아니라 자신의 욕구를 울음으로 나타내는 등, 아기는 이 세상을 살아가는 데 필요한 여러 능력을 가지고 태어난다. 그러나 인간은 동물과 달리 오랜 기간 다른 사람에게 의존하게 되어 있다. 즉 영아기란 긴 시간 동안 아기는 누군가의 도움 없이는 생존 자체가 불가능한 매우 나약한 존재이다. 원시사회 이래로 보면 이렇게 나약한 영아를 살릴 수 있는 가장 근본적인 보호가 어머니와 근접성 유지로 이루어졌다. 어머니와 가까이 있는 영아는 야생동물로부터 살아남을 수 있었고 결국 이것이 종의 생존을 위한 근본적인 성향으로 인간에게 내재되었다. 즉 야생동물로부터 생존하기 위해서 모든 영아는 어머니와의 근접성을 유지할 수 있도록 다양한 행동들을 생물학적으로 지니고 태어났다. 주 양육자와 근접성을 추구하도록 하는 것은 바로 영아의 생존을 위해 양육자의 보호를 확보하기 위한 생물학적, 진화론적 생존 기제이다.

3 애착행동

그렇다면 애착은 어떻게 표현될까? 아기가 특정 대상에게 형성한 지속적, 정서적 유대인 애착은 애착행동으로 나타난다. 애착을 형성했다는 의미는 아기가 특정한 한 사람에게 매우 강하게 근접성과 접촉을 추구하려 하는 것으로, 이러한 근접성과 접촉 추구는 아기가 놀라거나 피곤하거나 아플 때 또는 스트레스를 느끼는 상황이나 낯선 상황에서 더욱 활성화된다.

이렇게 애착행동은 인간에게 나타나는 생물학적 속성으로, 스트레스 상황이나 낯선 상황에서 더 활성화되고 애착 대상에게 접근하고 접촉함으로써 종결된다. 애착 대상에게 접근함으로써 아기는 안전감을 느끼기 때문이다. 다른 한편 애착행동은 주 양육자와 근접성을 이루게 함으로써 주 양육자인 엄마의 보호를 증가시켜 생존가능성을 높여 준다. 성인의 도움 없이는 생존이 불가능한 영아가 선천적으로 양육자의 관심을 끌어내기 위한 행동을 하도록 하는 행동체계를 가지고 태어난다. 아기는 자신이 지니고 태어난 애착행동체계를 이용해 자신을 돌보아 주는 주 양육자, 즉 엄마가 자신을 보호하고 사랑할 수 있도록 유도한다. 아기들이 엄마가 자신에게 관심을 갖고 접근하도록 하는 대표적 애착행동들로는 울음, 웃음, 옹알이, 접근, 접촉하기 등을 들 수 있다. 이들 행동은 두 종류로 나누어 볼 수 있다. 하나는 신호행동으로 엄마를 자기에게 가까이 오게 하는 행동들이다. 여기에 속하는 행동들이 바로 울기, 웃기, 옹알이, 엄마 부르기 등이다.

첫울음으로 이 세상에 자신의 존재를 알린 아기는 배고프거나, 똥오줌을 쌌거나, 아프거나 모든 자신의 욕구를 울음으로 알린다. 두려울 경우에도 울음으로 자신의 감정을 나타낸다. 이러한 아기의 울음에 가장 민감하게 반응하는 사람이 바로 엄마다. 주변의 소음이 많아 다른 사람들은 알아차리지 못하는 상황에서 아기가 눈에 보이지 않아도 엄마는 아기의 울음을 감지해 낸다. 아기의 울음은 엄마가 자신에게 달려오게 할 뿐만 아니라 욕구를 곧바로 해결하게 한다. 엄마는 부드러운 손길과 따뜻한 음성으로 "아이고, 우리 아기 배고프구나. 자, 젖 먹자." 하면서 아기를 품에 안고 젖을 준다. 이러한 과정에서 아기는 자신이 엄마에게 아주 소중한 존재임을, 그리고 엄마가 자신에게 소중한 존재임을 알아가게 된다.

웃음, 옹알이 또한 엄마가 아기에게 관심을 지속하게 하는 행동이다. 이들 행동은 울기와는 다르게 아기가 만족스런 상황에서 보이는 행동이다. 아기는 태어나 하루 이틀만 지나도 '배냇웃음'을 짓는다. 이 웃음은 반사행동이기 때문에 특별히 사람을 향해 웃는 것이 아니다. 눈앞에 보이는 존재가 사람이든 아니든 상관없이 잠시 입을 움직여 웃는다. 비록 이 웃음이 자신을 향해 웃는 웃음이 아니더라도 아기의 배냇웃음은 사람의 마음을 사로잡는다. 행여 아기의 얼굴이 자신을 향하고 있기라도 하면 마치 자신을 향해 웃는 것으로 생각하고 환호한다. 이러한 배냇웃음은 생후 2주가 지나면 사라지며 5주 정도가 되면 뚜렷한 사회적 웃음이 나타나기 시작한다. 즉 자신을 바라보는 사람과 눈을 마주치며 활짝 웃는다. 행여 그 아기가 자신의 아기가 아니어도, 지나가는 사람의 아기라도 우리는 사랑스러운 아기의 웃음에 따스함을 느끼는데 엄마는 오죽할까.

아기는 생후 2개월쯤 되면 옹알이를 시작해 6~8개월 사이에 절정에 달한다. 옹알이 역시 엄마와 교류를 촉진하는 행동이다. 아기는

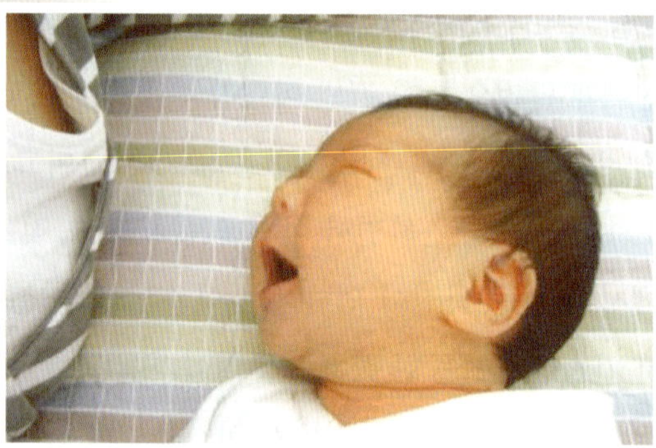

▶ 배냇웃음을 웃고 있는 신생아

옹알이를 하면서 웃곤 하는데 이 때문에 아기를 바라보거나 돌보는 사람들은 자연스럽게 행복감을 느끼고 아기에게 말을 걸게 된다. 아기가 옹알이를 할 때 엄마가 "오, 그랬어요! 우리 아기가 엄마하고 이야기하고 싶어요!" 등의 반응을 해 주면 아기는 마치 대화를 하듯 엄마의 반응에 응답한다. 이러한 아기의 웃음과 옹알이는 서로의 존재에 대한 기쁨을 나타내 주는 듯하며 아기에 대한 엄마의 사랑을 더욱 깊게 한다. 볼비는 바로 아기의 웃음이나 울음이 인간이라는 종의 생존을 위해 선천적으로 내재된 행동이라고 보았다. 아기가 이동할 수 있는 능력이 없는 출생 초에는, 특히 웃음과 울음은 엄마를 곁에 있게 하고 접근하게 하는 아주 중요한 수단이다.

두 번째 종류의 행동은 지향행동이다. 지향행동은 엄마를 자신에게 오게 하려는 것이 아니라 자신이 엄마에게 적극적으로 접근하고 접촉하려는 행동이다. 예를 들어 엄마를 따라가는 것, 접근하는 것, 기어오르거나 매달리거나 포옹하는 식의 갖가지 적극적 신체 접촉 행동이 여기에 속한다. 태어나자마자 움직일 수 있는 다른 동물과는 달리 아기는 생후 여러 달 동안 이동의 자유가 없다. 그러나 기기 시작하면서 아기는 낯선 상황이나 스트레스를 주는 상황에서 엄마에게 접근해 접촉하려 하는 적극적 애착행동을 나타낸다. 예를 들어 방에서 엄마가 나가려 하면 기어가 따라가려 한다. 더구나 아기가 눈앞에 없는 대상을 인식하고 그 대상을 찾기 시작하게 되면 엄마를 보거나 엄마 소리가 들리면 엄마에게 접근하거나 따라가려 한다. 이렇게 아기가 인지발달이 이루어져 눈앞에 사물이 없어도 그 사물이 어딘가에 있을 수 있다는 개념(이것을 대상영속성 개념이라고 한다. 그림에서와 같이 4~5개월의 영아는 눈앞에 자신이 집으려고 했던 놀잇감을 가림막으로 막자 자신이 그 놀잇감을 잡으려 했던 것을 전혀 기억하지 못하는 듯한 모습을 보인다. 이는 눈앞에서 사라진 물체가 그곳에 계속 존재할 수 있다는 것을 알지 못하기 때문이다. 즉 대상영속성 개념이 형성되지 않았기 때문이다.)이 발달하는 8개월쯤이 되면 어딘가에서 들리는 엄마의 목소리를 따라 가려 한다. 그러나 보이는 모든 접근행동이 애착행동은 아니다. 예를 들어 아기가 또래에게 접근하는 것은 종의 생존과는 관계가 없기 때문에 애착행동이라 볼 수 없다. 아기가 또래에게 접근하거나 접촉하는 것은 흥미에 따른 탐색행동이지 애착행동은 아니다.

아기는 엄마에게 접근하려 할 뿐만 아니라 접촉을 추구하려 한다. 이러한 접근 접촉 추구 행동에 대해 볼비가 강조하는 것은 애착은 생존과 연관된 안전조절 체계라는 점이다. 아기가 엄마와 접근

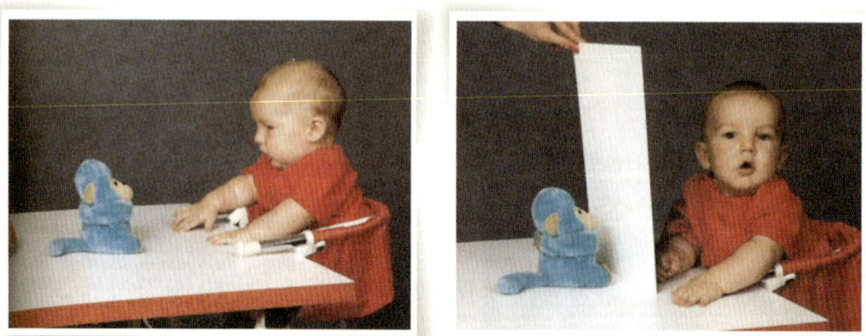

▶ 대상영속성 개념

출처: Shantrock, J. W. (2004). p. 211.

접촉을 하고자 하는 애착행동은 자신이 지각한 위험을 줄이기 위해 작동하는 행동체계에 의해 나타난 행동들이며, 이때 엄마는 안전기지 노릇을 한다는 것이다.

애착행동 체계의 작용을 나타낸 것이 아래 그림이다. 그림을 보면 신호 보내기, 매달리기, 접촉하기 등의 애착행동들에 대해 애착대상이 반응하면 영아는 안전감을 느껴 놀이나 탐색을 하지만 부모가 반응하지 않으면 두려움이나 불안을 느껴 오히려 매달리거나 화

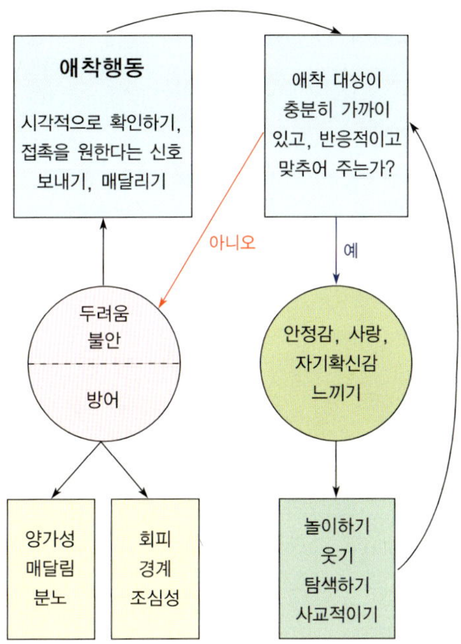

▶ 애착행동 체계

출처: 이경숙 역(2005). p. 129.

를 내거나 회피하는 행동을 보인다.

좀 더 구체적으로 매런 마리오(Marrone Mario, 1998)는 애착행동을 다음과 같이 설명하고 있다.

첫째, 애착행동은 모든 인간에게서 나타나는 행동으로, 일정한 패턴이 있으며 예측 가능하다.

둘째, 애착행동은 특정 조건에 따라 활성화되고 종결된다.

셋째, 애착행동은 생존에 기여한다.

넷째, 애착행동은 유기체가 속해 있는 사회체계 안에서 나타날 때 효과적으로 기능한다.

제 2 장

애착의 형성

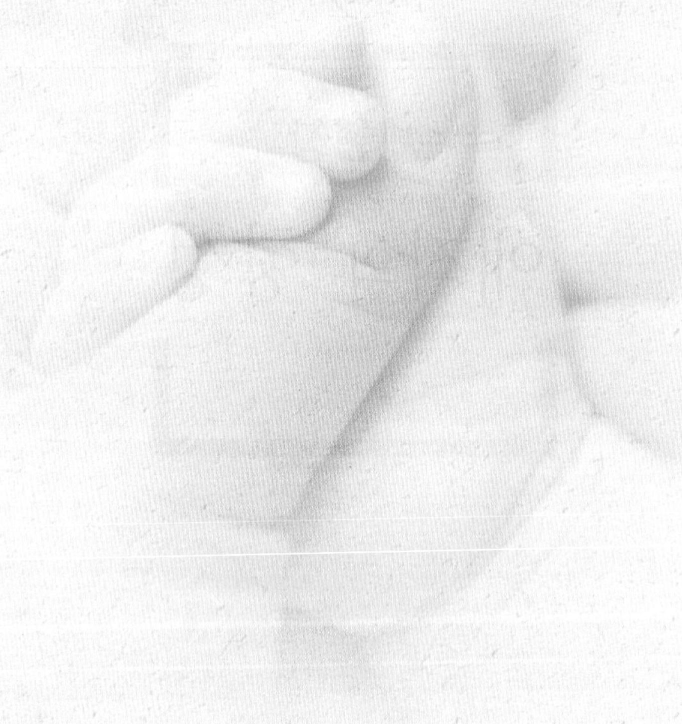

01

애착의 발달단계

어느 날 갑자기 아기가 낯선 사람을 보더니 입을 삐죽거리며 울음을 터뜨린다. 며칠 전만 해도 낯선 사람을 별로 개의치 않았던 것 같은데 왜 그럴까? 낯선 이에 대한 영아의 반응을 우리는 낯가림이라 하지만 이는 영아의 애착발달과 관련해 설명할 수 있다. 그렇다면 언제부터 영아는 애착을 형성할까? 일반적으로 애착은 7개월을 전후로 주 양육자에게 형성하는 것으로 알려져 있다. 그러나 애착은 어느 날 갑자기 형성되는 것은 아니며 영아의 생활사에서 큰 부분을 차지하는 것으로, 몇 개의 단계를 거치며 이루어진다.

1 볼비의 애착형성단계

볼비(1982)는 애착이 평생 동안 발달하는 것으로 보았으나 구체적 애착발달단계는 영아기에 시작해 유아기까지 4단계로 제시하고 있다. 이 중 아기가 주 양육자에게 애착이 형성되는 것은 셋째 단계이다.

1) 비변별적 사회적 반응 단계

첫째 단계는 출생부터 8~12주 사이로, 이 단계는 비변별적 사회적 반응 단계(phase of undiscriminating social responsiveness)라 한다. 이 시기 영아는 주위 환경 중 사람에게 향하는 능력을 나타낸다. 즉 여러 행동들로 어른들을 자기 가까이 오게 한다. 예를 들어 깊고 맑은 눈으로 쳐다보기, 눈으로 따라가기, 안았을 때의 자세 같은 지향행동과 빠는 행동으로 양육자가 자기에게 접촉하도록 한다. 또한 웃음, 울음, 옹알이 같은 신호행동을 통해 양육자가 자신에게 가까이 오게 하거나 접촉을 하게 한다. 그러나 아직 시각이 발달하지 않아 후각과 청각 자극으로 사람을 구별한다. 가까이 사람이 나타나면 그 사람에게 몸을 향하고 눈으로 좇아가며 웃거나 소리를 낸다. 울다가도 얼굴이 보이거나 목소리가 들리면 울음을 그치고 관심을 보인다. 움직이지 않는 사물보다 움직이는 사람에게 웃음이나 응시, 옹알이와 같은 사회적 신호를 보낸다. 그러나 흥미로운 것은 이 시기의 영아가 여러 자극들을 변별할 수 있는데도 그러한 자극을 제시하는 사람들을 변별하지 못한다는 것이다. 즉 자기에게 친숙한 사람이나 그렇지 않은 사람을 구별하지 않고 모든 사람에게 웃거나 응시, 옹알이를 한다. 따라서 이 시기를 비변별적 사회적 반응 단계라 한다. 이 시기의 영아가 보이는 신호행동, 지향행동 등은 애착이 형성된 뒤에는 애착행동이라 할 수 있으나 이 단계에서는 변별되지 않고 구분되지 않았다는 점에서 전조행동이라 하며 따라서 이 시기는 초기 전 애착단계라 하기도 한다.

2) 변별적 사회적 반응 단계

두 번째 단계는 변별적 사회적 반응 단계(phase of discriminating social responses)이다. 이 단계는 3개월에서 6~7개월 사이이다. 이 단계 초의 영아는 자기를 자극하는 모든 사람을 보고 웃는다. 그러나 변별이 이루어지면서 자기에게 친숙한 사람과 그렇지 않은 사람을 구별해 친숙한 사람에게 더 집중적으로 애착행동을 보인다. 즉 낯선 이가 자기에게 최적의 자극을 주더라도 잘 웃지 않게 되고 어머니나 몇몇 친숙한 사람들이 최적의 자극을 주지 않더라도 더 쉽게, 자주 웃는다. 이렇게 낯선 이와 친숙한 이를 변별하게 되기 때문에 이 시기를 변별적 사회적 반응 단계라 한다. 대략 6개월부터 영아는 더 적극적인 접근 추구와 접촉유지행동을 보이기 시작하는

▶ 자신의 사진을 찍고 있는 부모를 호기심 어린 눈으로 쳐다보는 5개월 된 영아

데, 바로 이 시기가 끝날 때쯤 영아는 특정 대상에게 애착을 형성하기 시작한다. 이 대상은 대부분 주 양육자인 어머니이다.

3) 적극적 접근과 접촉 추구 단계

세 번째 단계는 적극적 접근과 접촉 추구 단계(phase of active initiating in seeking proximity and contact)이다. 이제 영아는 본격적으로 접근과 접촉 추구의 애착행동을 나타낸다. 이 시기는 주로 6~7개월에서 1세 정도까지이지만 2, 3세까지로 이어진다. 이제 영아는 기어 다니고 나아가 걸어 다닐 수 있는 이동능력이 있어 기존의 웃음, 응시, 울기, 옹알이 등 애착신호행동만이 아니라 스스로 주 양육자를 따라가거나 매달리는 등 접근행동을 하게 된다.

영아는 어머니를 안전 기반으로 삼아 주변을 탐색한다. 아울러 모든 사람에게 똑같은 애착행동을 보이지 않는다. 특정 대상에게 애착을 형성하면서 다른 사람들에게는 배타적이 되며 낯가림을 한다. 생후 6~7개월 된 아기가 낯가림을 하는 이유이다. 이제 영아는 애착 대상이 보이지 않으면 몹시 불안해하는데 아직 대상영속성 개념이 제대로 형성되지 않아 어머니가 안 보이면 어딘가에 있을 것이라는 생각을 못하기 때문이다.

4) 목표수정 동반자 단계

마지막 단계는 목표수정 동반자 단계(phase of a goal-corrected partnership)라 한다. 이 시기는 3세를 전후로 시작해 유아기에서 아동기에 이르는 시기로 인지발달로 목표지향적 행동이 나타나는 시기이다. 대상영속성 개념이 발달해 어머니가 안 보이거나 외출해도 어머니의 존재를 알기 때문에 보채지 않고 기다릴 수 있다. 또한 3단계에서는 어머니에게 접근하고 접촉을 유지하려고 어머니를 따라다니거나 부르며 매달린다. 왜냐하면 유아의 자기중심적 사고는 어떠한 계획이 어머니의 행동에 영향을 주는지 이해하지 못하기 때문이다. 그러나 점차 유아는 어머니의 행동이나 목표를 위해 채택된 계획을 짐작할 수 있게 된다. 따라서 유아는 자기가 접근하고 접촉하기 위해 어머니의 목표나 계획을 변경시키려는 시도를 하게 된다. 즉 이제 유아와 애착 대상은 더 복잡하고 미묘한 관계를 형성하며 함께 발달시켜 가기 때문에 볼비는 이 시기를 목표수정조합의 단계라 칭하기도 했다.

볼비에 따르면 애착은 태어날 때부터 형성되는 것이 아니라 대상영속성 개념과 같은 인지발달이 선행되어야 한다. 대상영속성 개념이란 사물이 눈앞에 없어도 어딘가에 있을 수 있음을 아기가 아는 것으로, 보통 8개월을 전후로 영아가 형성하는 개념이다. 영아는 인지발달이 이루어지면서 7개월 즈음 주 양육자인 엄마에게 애착을 형성하기 시작한다. 이 시기에 영아가 보이는 애착행동, 울기, 따라가기, 웃기, 매달리기 같은 것은 특정 양육자에게 집중된 목표지향적 행동이나, 마지막 단계에 이르러 유아기에 도달하면 목표수정적 행동으로 더 다양하고 복잡하게 된다. 볼비에 의하면 영아의 첫 번째 애착 대상은 영아의 신호에 지속적으로 반응하는 사람이다. 따라서 일반적으로 그러한 신호에 반응하는 사람은 어머니이므로 어머니가 첫번째 애착 대상이 돼나 어머니 아닌 다른 사람도 애착 대상이 될 수 있음을 알 수 있다. 이에 대해서는 8장에서 알아본다.

2 에인즈워스의 애착형성 단계

볼비의 동료였던 에인즈워스(1973)도 애착형성 단계를 전 애착단계, 애착형성 단계, 애착 단계, 상호관계의 형성 단계, 이렇게 4단계로 나누고 있다.

1단계는 전 애착 단계(preattachment phase)로 출생에서 6주까지이다. 이 시기의 영아는 울기, 배냇웃음, 잡기, 껴안기, 매달리기 같은 애착행동을 모든 사람들에게 한다. 로버트 L. 판츠(Robert L. Fantz, 1963)의 연구를 보면 그림에서 나타난 것처럼 영아는 동그라미 안에 색만 칠해져 있는 것보다는 동그라미 안에 어떤 형태가 있는 것을 더 선호하며, 단순한 도형보다 복잡한 도형을, 여러 도형 중에서도 사람의 얼굴과 비슷한 도형을 더 오랫동안 주시한다. 즉 인간의 얼굴은 신생아에게 아주 매력적인 대상이 되는데, 이렇게 신생아가 인간의 얼굴을 다른 물체보다 먼저, 그리고 더 오랫동안 응시한다는 것은 진화에 의한 적응기제의 잔재로 볼 수 있다. 왜냐하면 신생아가 사람의 얼굴에 더 매력을 느끼고 응시하는 것은 양육자로 하여금 아기와 더 상호작용을 하도록 촉진하기 때문이다(Johnson,

Dziurawiec, Elli, & Morrison, 1991). 또한 신생아는 여러 소리 중 인간의 목소리에 가장 오랫동안 집중한다고 한다. 이러한 신생아기는 아직 애착이 형성되지 않았으며 모든 사람들에게 호의적 반응을 보이는 단계이다.

2단계는 애착형성 단계(phase of attachment in the making)로 생후 6주에서 8개월쯤까지이다. 이 시기의 영아는 점점 친숙한 사람과 낯선 사람을 구별하기 시작한다. 즉 주 양육자인 어머니와 상호작용할 때 더 많이 웃고 옹알이를 한다. 그리고 자기가 필요할 때 어머니가 반응할 것이라는 신뢰감을 쌓기 시작한다. 어머니와 낯선 이를 구별할 수 있지만 아직 낯선 이에게 불안반응을 나타내지 않

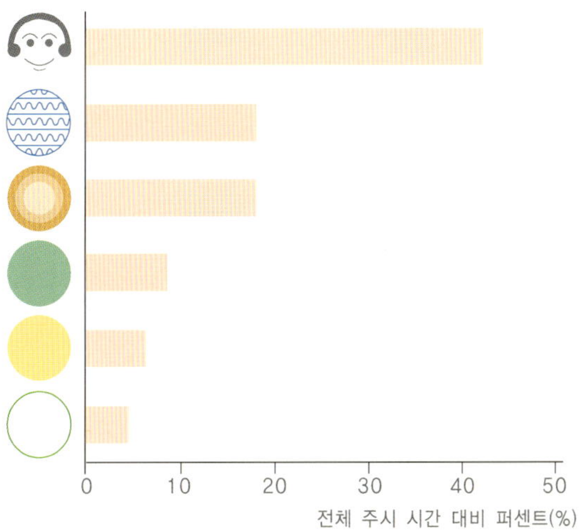

▶ 영아의 형태 지각

출처: Fantz, R. L.(1963). p. 297.

는다.

3단계는 애착 단계(clear cut attachment phase)로 6~8개월에서 18개월까지이다. 이제 영아는 어머니가 보이지 않으면 불안을 나타낸다. 대상영속성 개념이 형성되면서 영아는 어머니가 보이지 않아도 불안해하지 않으며 주 양육자에게 애착을 형성하게 된다.

마지막 단계는 상호관계의 형성 단계(formation of reciprocal relationships)이다. 두 돌이 지나면 인지발달과 언어발달이 이루어져 영아는 애착 대상의 행동을 예측할 수 있게 된다. 이제 대상영속성 개념이 형성되어 영아는 어머니가 나가도 돌아온다고 예측할 수 있다. 따라서 격리불안이 점점 줄어들게 된다.

앞에서 살펴본 바와 같이 볼비나 에인즈워스에 의하면 영아는 주 양육자인 어머니에게 7개월을 전후로 애착을 형성하기 시작하며 두 돌쯤에는 주 양육자에게 확고하게 애착이 이루어지는 것을 알 수 있다.

3 애착형성의 결정적 시기

뒤에서 살펴보겠지만 로렌츠는 어린 동물이 생후 초기의 특정한 시기 동안 어떤 대상에 노출되어 그 뒤를 따르게 되면 그 대상에게 애착을 가지게 되는데, 이처럼 각인이 형성되는 데는 특정한 시기, 즉 결정적 시기(critical period)가 있다고 주장한다. 만약 결정적 시기 이전이나 이후에 대상에 노출되면 그 대상에 대한 각인은 형성되지 않는다. 즉 결정적 시기가 지나면 그 동물이 다른 대상에게 각인이 형성되도록 하는 것이 불가능하게 된다. 이러한 로렌츠의 주장에 따르면 애착형성에도 결정적 시기가 있다. 그리고 그러한 시기가 아니면 애착이 형성되기 어렵다.

그러나 아동발달에서는 결정적 시기라는 용어보다 민감한 시기(sensitive period)라는 개념이 더 적절하다는 주장이 있다. 민감한 시기는 그 개념이나 범위가 결정적 시기라는 개념보다 덜 고정적이다. 민감한 시기는 특정한 능력이나 행동이 출현하는 데 최적의 시기로, 영아는 이 시기에 특정한 환경의 자극에 민감한 반응을 보인다. 민감한 시기가 지난 후에도 발달이 이루어질 수 있지만 그때는 시간과 노력이 더 많이 필요하거나 특정 발달이 이루어지기 어렵기도 한다. 이러한 관점에서 본다면 애착형성의 민감한 시기는 출생에서 세 돌 사이, 즉 영아기이다. 볼비(1988)도 인생에서 첫 3년이 사회정서 발달에 민감한 시기라고 주장한다. 이 3년이 영아가 애착 대상과 친밀한 정서적 유대를 형성하는 데 매우 민감한 시기라는 것이다. 만약 이 기간에 그러한 기회를 갖지 못하면 나중에 친밀한 정서적 유대 관계를 형성하는 것이 어렵거나 불가능할 수도 있다.

02 애착의 표현

영아는 생후 6~8개월 사이에 주 양육자인 엄마와 애착을 형성하기 시작한다. 이렇게 엄마와 애착을 형성하면 영아의 행동에 어떠한 변화가 나타날까? 영아기에 애착을 형성했음을 알아볼 수 있는 대표적인 행동은 낯가림(stranger anxiety)과 분리불안(separation anxiety)이다.

1 낯가림

누구를 보든 웃거나 옹알이하던 영아가 주 양육자와 애착을 형성하기 시작하면 낯선 이를 보거나 엄마가 자기만 두고 혼자 가면 울음을 터뜨린다. 이와 같이 영아가 낯선 이에게 보이는 반응을 낯가림이라 한다. 낯가림은 6~8개월쯤(어떤 영아는 이보다 훨씬 빠르게 낯가림을 하기도 한다.)에 나타나기 시작해서 첫돌을 전후로 최고조에 이르렀다가 서서히 줄어든다.

일반적으로 영아는 낯선 사람에게 불안반응을 나타내지만 낯가림의 정도는 영아의 기질이나 환경에 따라 다르다. 부모나 친숙한 어른이 함께 있는 상황에서는 낯가림이 덜 나타나고, 기질적으로 순한 영아가 까다로운 영아보다 낯가림을 덜 하는 편이다.

영아의 낯가림을 유발하는 구체적인 요인으로는 안전기지 역할을 하는 어머니와의 거리와 낯선 상황, 그리고 낯선 사람의 행동과 영아의 나이인 것으로 나타났다. 영아가 어머니의 무릎에 앉아 있을 때에는 낯선 사람이 나타나도 1/3정도의 영아만이 낯가림을 하는 반면, 어머니와 떨어져 있는 경우에는 2/3정도의 영아가 격렬하게 울면서 낯선 사람에게 불안반응을 나타냈다. 낯가림은 자신이 친숙한 집 안에서보다 바깥에서 더 나타난다. 그리고 낯선 이가 바로 접근할 때가 일정한 거리를 두고 서서히 말을 걸면서 접근하는

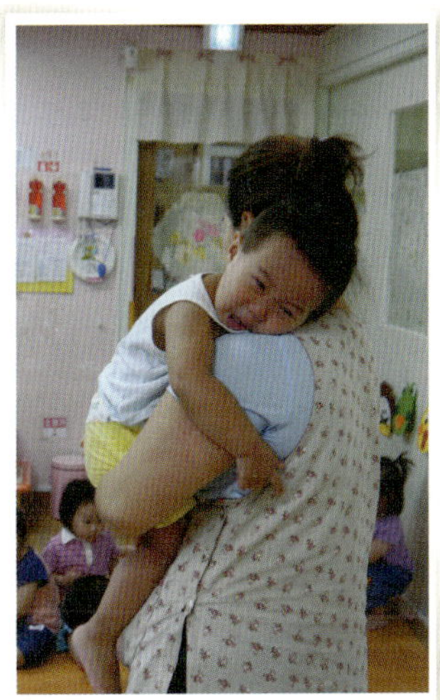

▶ 어린이집을 방문한 낯선 이를 보고 낯가림을 하는 영아

경우보다 더 심하다. 이 밖에 영아가 출생 후 몇몇 사람들하고만 만나면 친숙한 사람의 얼굴 도식을 빨리 형성한다고 한다. 그래서 낯가림이 더 빠르다. 흥미로운 것은 영아는 낯선 어른보다 낯선 아동에게 낯가림을 덜 한다고 한다. 그러나 낯가림을 전혀 하지 않는 것도 바람직하지 않은데, 이러한 영아들은 낯선 사람에 대한 변별력이 없기 때문에 애착형성이 잘 이루어지지 않는 경향을 보인다(정옥분, 2003).

왜 영아가 낯가림을 할까? 이는 애착을 형성한 사람과 헤어지거나 그 사람을 잃어버리지 않을까 하는 두려움을 나타내는 것이라 한다(Spitz, 1960). 이는 정신분석학자나 사회학습 이론가들의 설명으로, 영아가 낯선 이를 보면 어머니에게 꼭 달라붙는 경향으로 알 수 있다. 그러나 다른 학자들, 예를 들어 동물행동학자들은 낯가림은 종의 진화에 의한 것이라 한다. 위험과 자주 결부되어 나타났던 상황에 대한 공포반응이나 회피반응이 생물학적으로 프로그램되었다는 것이다. 원시사회에서 낯선 사람, 낯선 존재는 생존에 위협을 주는 것이다. 이러한 존재에 대한 두려움과 그러한 존재를 피하고자 하는 경향이 진화되어 왔는데, 출생 초에는 영아가 낯선 사람과 친숙한 사람을 구별하지 못하기 때문에 낯가림이 나타나지 않는다는 것이다.

한편 인지이론가(Kagan, 1971)는 유아의 지각과 인지발달의 자연스런 결과라 본다. 즉 낯가림은 영아가 친숙한 사람에 대해 가지고 있는 얼굴 도식과 친숙하지 않은 사람의 얼굴 도식에 차이가 있기 때문에 나타내는 반응이라고 한다. 영아는 자신이 만나는 사람들에 대한 얼굴의 도식을 형성하게 되는데, 즉 자주 보는 주 양육자인 어머니의 얼굴 도식을 만들게 된다. 이에 낯선 사람들을 만나게 되면 어머니의 얼굴 도식과 비교를 하게 되는데 그 차이가 큰 경우 혼란스러움을 경험하게 되어 운다는 것이다. 따라서 영아가 낯가림을 하기 시작하는 것은 영아가 애착을 형성하기 시작하는 6~8개월 사이이며 한 돌을 전후로 낯가림이 가장 심하며 그 후로는 점차 감소한다.

2 분리불안

낯선 이를 보았을 때 영아가 불안을 느껴 낯가림을 하듯 영아는 어머니와 분리되었을 때도 불안을 나타낸다. 이를 분리불안 또는 격리불안이라 한다. 분리불안도 생후 6~8개월에 나타나기 시작해 14~15개월쯤에 절정에 이르다가 두 돌을 전후로 사라진다. 바로 에인즈워스는 영아의 애착형성을 알아보기 위해 영아가 엄마와 분리되었을 때 나타내는 분리불안을 관찰했던 것이다.

영아의 분리불안에 대해서도 학습이론에서는 어머니가 옆에 없을 때 강한 불편함을 느꼈던 영아가 어머니와 헤어지는 것을 두려워해서 나타내는 반응이라 설명한다. 즉 어머니가 없었을 때 불편함을 경험했던 영아가 어머니의 부재에 대한 불편함을 학습하게 되어, 유아 때에는 어머니가 자신을 떠나려 할 때 저항하는 조건화된 불안감을 나타낸다는 것이다.

그러나 동물행동학에서는 영아는 친숙한 사람과 헤어져 낯선 환경에 놓이는 상황에 대해 타고난 공포를 가지고 있다고 한다. 그러나 영아가 어머니에 대한 애착을 형성하면서 어머니가 안전기지로 작용하게 되어 두 돌쯤 되면 분리에 대한 불안이 점차 줄어들어 낯선 상황을 덜 두려워하게 된다고 한다. 애착 대상인 어머니는 영아가 낯선 환경을 탐색하고 거기에 친숙해질 수 있도록 도와준다. 따라서 분리불안은 점차 감소하고 낯선 사람이나 낯선 상황을 덜 경계하게 된다.

한편 인지이론에서는 영아가 친숙한 사람에 대한 도식을 형성할 뿐 아니라 친숙한 상황에 대한 도식을 형성하기 때문이라고 설명한다. 영아는 낯익은 장소에 있는 낯익은 사람의 얼굴을 도식화한다. 따라서 영아는 낯익은 사람이 어디로 갔는지, 언제 돌아올 것인지 알 수 없는 경우 분리불안을 나타낸다. 인지발달이론가에 의하면 영아는 대상영속성 개념을 얻기 시작하면서 분리불안을 보이지 않는다. 이는 지금 눈앞에 보이지 않더라도 그 사람이 계속 존재한다는 것을 알면 그 사람의 행방에 대해 궁금해하지 않고 따라서 분리불안을 나타내지 않게 된다는 것이다.

분리불안도 영아에 따라 정도가 다르다. 예를 들어 어머니와 밀접한 관계, 안정된 관계를 형성한 영아는 분리불안을 덜 나타낸다. 분리불안은 세계 모든 영아들에게서 나타나지만 문화에 따라 어느 정도 차이가 있는 것으로 알려져 있다. 에인즈워스(1967)에 의하면 우간다의 영아는 미국의 영아보다 더 빨리 분리불안을 나타냈으며, 우리나라의 영아들은 4세까지 분리불안이 지속되고 있다는 보고(허윤진, 2002)나 분리불안의 정도가 더 심하다는 보고(유효순, 1985)가 있다.

3 장기적 분리에 대한 애착반응

낯가림과 어머니와의 일시적인 분리 상황에서 나타나는 분리불안과는 달리 장기적으로 주 양육자와 분리되는 경우 영아는 어떻게 반응할까?

볼비는 로버트슨과 함께 입원하는 두 살짜리 영아를 관찰한 이후 질병으로 입원하는 15개월에서 30개월 사이 영아의 애착반응을 살펴보았다. 볼비가 관찰을 하던 당시에는 병원에 입원 중인 경우 부모와 아이가 거의 만나지 못하도록 했으며 병동에서도 간호사들이 끊임없이 바뀌었다. 아이들은 처음에는 울고 소리 지르고 필사적으로 부모를 찾았으며, 병원 직원들이 달래거나 관심을 다른 곳으로 돌리려 해도 듣지 않았다. 시간이 흐르면서 아이들은 지루할 정도로 무관심하고 냉담한 태도를 보였는데, 또래집단에서 동떨어져 나와 멍하니 허공을 바라보고 앉아 있거나, 거의 놀거나 먹지도 않았다. 시간이 지나면서 아동들이 예전과 같이 회복되어 다시금 활발해진 듯했으나 입원 기간이 연장되면 어른들이나 다른 아이들과의 관계는 입원 전에 비해 피상적이며 자기중심적이 되었다. 볼비는 이와 같이 장기적으로 부모와 분리된 영아의 반응을 저항 단계, 절망 단계, 탈애착 단계로 나누어 설명하고 있다.

첫 번째 단계인 저항 단계(protest phase)에서는 영아는 계속 울면서 어머니를 찾았다. 울다가 잠시 멈추더라도 문을 쳐다보면서 어머니가 돌아오기를 기다리는 듯했으며 누군가 들어오면 어머니로 기대하다가 아님을 알고는 다시 울어 댔다. 이 시기에서는 주변의 누구도 영아에게 위로의 대상이 되지 못했다. 부모와 헤어졌다 다시 만나자 저항감을 나타냈고 퇴원 후에도 며칠 동안 거부가 뒤섞인 감정을 보였으며 부모와 떨어지지 않으려는 모습을 보였다. 이러한 반응은 2년이 지나도 나타나는 경우가 있었다. 일반적으로 장기분리의 경우 저항 단계는 몇 시간에서 때로는 며칠, 일주일까지 지속되었다.

두 번째 단계인 절망 단계(despair phase)에서는 영아는 어머니가 돌아오지 않을 것이라고 생각하듯 무력감에 빠졌다. 다른 사람에게도, 놀잇감에도 반응하지 않으며 무관심하고 깊은 슬픔에 빠졌다.

마지막은 탈애착 단계(deattachment phase)이다. 이 단계의 영아는 새로운 환경과 자신을 돌보는 사람에게 관심을 보이고 놀이를 하기 시작한다. 어머니가 돌아왔을 때 어머니를 반기지 않았고 무관심한 듯 반응했다. 어머니가 다시 떠나도 울며 저항하지 않았다. 볼비는 마치 영아가 어머니와의 애착을 포기한 것 같은 행동을 한다고 하여 탈애착 단계라 하였다. 특히 마지막 단계에서는 영아가 어머니와 형성한 애착의 질이 중요하다. 어머니와 안정된 애착을 형성한 영아는 어머니에 대한 애착을 포기하지 않으나 그렇지 않은 영아는 어머니에 대한 심리적 거리감을 두어 이것이 심한 경우 모든 사람과 접촉을 피하고 친밀한 정서적 관계를 형성하기 어려운 정신병적 상태까지 갈 수 있다.

4 사회적 박탈과 애착

사회적 박탈이 주는 영향에 대한 할로의 유명한 실험 중 하나는 인간이 사회적으로 박탈되었을 때 받을 수 있는 영향에 대한 시사를 준다. 할로는 새끼 원숭이를 고립시켜 다른 원숭이를 보거나 소리를 듣지 못하게 하고 키웠다. 이와 같이 완전히 고립되어 자란 원숭이들을 살펴보니 철사로 된 어미 원숭이에게서 자란 원숭이들보다 더 심각한 문제행동을 보였다. 즉 이들은 강박적으로 자신의 몸을 꽉 잡거나 반복해 몸을 흔들거나 왔다 갔다 했다. 그리고 인체의 일부분을 입에 넣고 보내는 시간이 많았으며 후에 다른 원숭이들과 같이 있게 되자 냉담하거나 우리 안을 멍하니 쳐다보기만 하는 등 다른 원숭이들을 무시했다. 그리고 때때로 관찰자에게 공격적으로 행동하고 때로는 자신의 손이나 팔다리 등을 깨물었다.

이러한 이상한 행동의 정도와 지속 기간은 이들이 고립돼 자란 기간과 관련이 있었다. 생후 처음 3개월 동안 고립돼 자란 원숭이들은 정상 환경에서 자란 원숭이들과 함께 있게 되자 처음에는 사회적으로 문제를 보였으나 점차 정상 수준으로 되돌아갔다. 이러한 현상은 6개월 동안 고립되어 자란 원숭이에게도 나타났다. 그러나 완전히 고립돼 자란 원숭이는 다른 원숭이들과 놀지 않거나 성행위도 하지 않았다. 이들은 다른 원숭이들과 어울리는 사회성이 너무 부족해 다른 원숭이들도 잘 대해 주지 않았다. 또한 아주 부적절한 때 공격적인 행동을 나타냈는데, 예를 들어 자기보다 큰 수컷에게 위협을 하거나 공격하는 자살행위를 했다.

성행위가 적절하지 않았는데도 암놈 몇은 새끼를 낳았다. 하지만 어미로서 행동은 완전히 비정상이었다. 즉 다른 원숭이가 새끼를 물거나, 새끼를 데려가도 신경을 쓰지 않았다. 새끼에게 젖을 줄 때도 종종 새끼들을 학대했다. 이런 현상은 대리모에게서 자란 원숭이들에게도 나타나는 것이었는데, 이들의 학대가 너무 심해 새끼 원숭이들을 어미한테서 떼어 놓아야 할 정도였다.

할로의 이러한 실험만이 아니라 인간의 경우도 앞에서 살펴본 바와 같이 단기 또는 장기적으로 애착 대상과 격리된 것이 아니라 보육시설에 수용되거나 심각한 아동학대와 같은 상황에 처한 영아나 아동의 애착에 대한 보고도 있다. 대표적인 관찰보고서 몇몇(Goldfarb, 1943; Spitz, 1945)을 보면 열악한 보육시설에 극단적으로 방치되었던 유아들을 관찰한 결과 애착이 형성되지 못했음을 알 수 있었다. 대부분 음식은 제공되었으나 요람 속에서 혼자 지내야만 했던 이들은 3~6개월까지는 정상적이었지만 6개월 이후에는 점차 이상행동을 보이는 것을 알 수 있었다. 이들은 울기, 웃기와 같은 애착행동을 전혀 나타내지 않았으며 옹알이도 하지 않았다. 그리고 다른 사람의 접촉이나 자극에도 냉담하고 무관심했다.

한편, 전쟁으로 어른들이 전혀 없는 폐허 속에서 고립되어 지내다 발견된 유아들에 대한 보고도 있다. 나치의 한 수용소에서 홀로 살아온 3세 유아 여섯 명인데, 이들은 12개월 때 모두 부모가 수용소에서 죽었고 어린아이들만 수용소에서 홀로 지냈다. 누군가의 어떤 도움도 받지 못한 채 철저히 고립되어 지내다가 전쟁이 끝나 발견되어 영국의 특수치료센터에 보내져 치료를 받게 되었다. 치료센터에 데리고 오자 이들은 방에 있는 모든 놀잇감을 부수고 가구들도 망가뜨렸다. 그리고 센터의 연구원들에게도 극도로 무관심하거나 공격적으로 대했다. 모든 사람들을 거부했으며 함께했던 6명 이

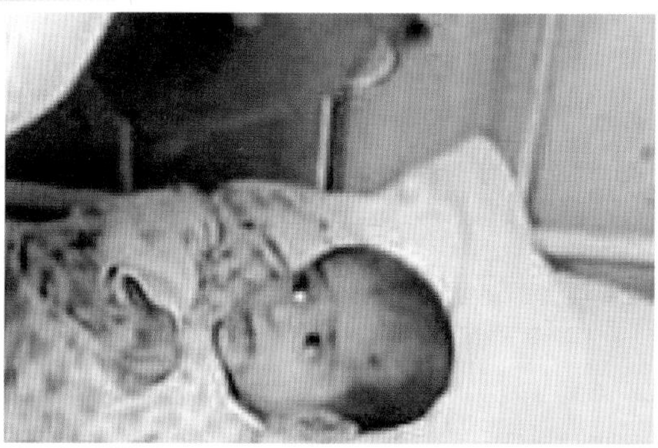

▶ 스피츠 연구 대상 영아

출처: 《아기성장보고서》 p. 297. 재인용.

외에는 누구와도 함께 지내려 하지 않았다. 그리고 6명이 조금이라도 떨어지게 되면 극도로 반항했다. 그러나 자신들끼리는 서로 애착관계가 형성되어 식사시간에 자기가 먹는 것보다 상대방이 먹는 것이 더 중요할 정도로 서로에게는 매우 관심이 컸으나 다른 사람들에게는 극도로 냉담했다(Freud & Dann, 1951).

보다 최근에 이루어진 연구(Chisholm, 1998)에서는 6개월 이상 심한 박탈 환경에서 자란 유아들은 일반 가정에 입양돼 입양 부모와 정서적 유대를 형성했으나, 일반적인 양육 환경에서 자란 유아들과 비교했을 때 불안애착이 높았다. 이러한 보고나 연구 결과는 사회적 박탈이 영아가 정상적 애착을 형성하는 데 장애요인임을 시사하는 것이다.

제3장

애착의 개인차

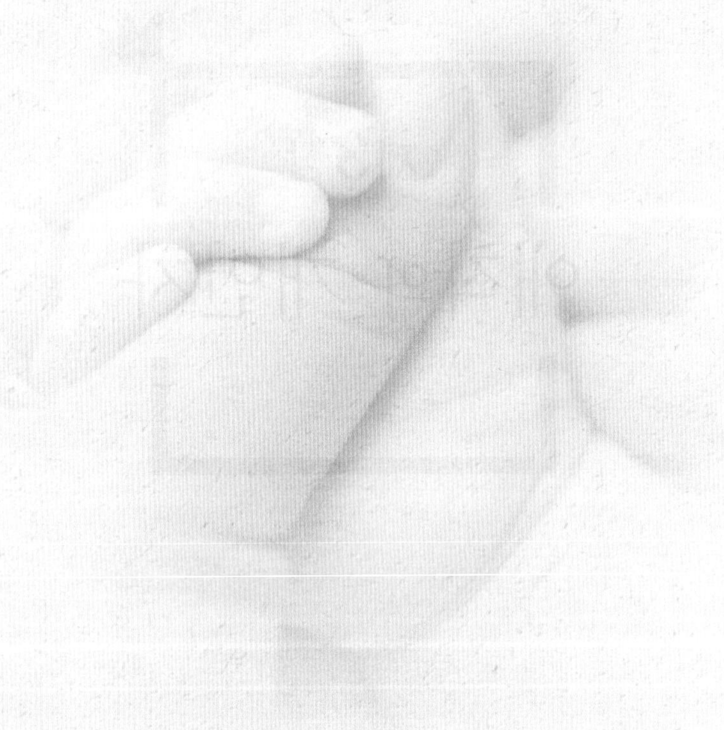

01 애착에 개인차가 있는가

아기가 엄마와 낯선 이와 같이 처음 보는 상황에 있다. 아기는 낯선 이와 낯선 환경이 두려운 듯 엄마 곁을 떠나지 않는다. 방에는 아기에게 아주 매력적인 놀잇감이 있는데도. 조금 익숙해지자 아기는 엄마 곁에서 조금씩 멀어지면서 놀잇감에 접근한다. 엄마가 웃어 주자 놀잇감을 가지고 논다. 그러나 낯선 이를 가끔 바라본다. 조금 있다 엄마가 잠시 나갔다 오겠다고 하면서 방을 나가자 아기는 문을 잡고 엄마를 불러 댄다. 엄마가 돌아오지 않자 소리내어 다시 울어 댄다. 밖에서 엄마가 아기를 부르자 잠시 귀를 기울이는 듯하나 다시 엄마를 불러 댄다. 엄마가 방에 들어오자 엄마를 꼭 끌어안는다. 엄마가 아기를 안아 주자 쉽게 울음을 그치고 다시 놀잇감을 가지고 논다.

그런데 같은 상황에 놓인 다른 아기의 반응은 사뭇 다르다. 처음부터 아기는 엄마에게 칭얼대며 엄마 곁을 떠나려 하지 않는다. 엄마가 놀잇감을 가지고 놀라고 해도 엄마 곁에서 맴돈다. 엄마가 나가자 마구 울어 대며 엄마를 찾는다. 엄마가 다시 돌아왔으나 쉽게 마음의 평정을 찾는 것 같지 않다. 또 다른 아기는 낯선 환경에 들어갔지만 엄마를 별로 신경 쓰지 않는다. 엄마가 자기를 낯선 이와 두고 나가도 잠시 머뭇거리는 듯하나 울지도 않는다. 엄마가 돌아와도 별로 반기는 기색도 없다.

위의 상황은 아기의 애착을 알아보는 실험 상황인 낯선 상황(strange situation)에서 영아가 보이는 전형적인 반응들이다. 위의 세 아기는 왜 이렇게 낯선 환경에서 서로 다른 행동을 보일까.

거의 모든 영아가 양육자와 애착관계를 형성하며 이 애착 대상은 아기가 위협이나 도전에 부닥치게 되면 아기에게 안전의 근원이 된다. 이러한 영아와 양육자의 애착관계는 보편적인 것이다. 그러나 아기가 위험에 처했을 때 안전의 근원으로서의 양육자, 즉 애착 대상의 효과성은 아기와 엄마의 관계마다 다르다. 이러한 차이가 바로 애착관계의 질적 차이를 나타내는 것이다.

볼비에 의하면 아기는 누군가 자신을 항상 돌보아 주며 상호작용을 하면 그 사람에게 애착을 형성한다. 일반적으로 이 사람은 양육자이다. 즉 애착형성은 진화 과정에서 인간에게 강하게 내재되어 온 것이다. 그러나 아기를 항상 돌보아 주는 주된 사람이 없으면 애

▶ 낯선 상황에서 놀이를 하는 영아

착이 형성되지 않는다. 그 외에는 아무리 돌봄을 제대로 받지 않는다 해도 애착관계는 주 양육자에게 형성이 된다. 애착의 개인차는 즉 아기가 돌봄을 받은 역사를 반영하는 것이다. 애착은 어느 날 갑자기 나타나는 것이 아니며 아기나 양육자의 특성 어느 하나로 이루어지는 것이 아니다(Ainsworth, Blehar, Waters, & Wall, 1978). 아기와 양육자의 상호작용 유형은 바로 서로의 반응 역사를 통해 이루어지는 것이며 이러한 상호작용 유형이 바로 아기와 양육자 간의 관계 특성을 나타내 주는 것이다.

동일한 어른과 반복된 상호작용으로 아기는 그 사람이 바로 양육자임을 인식하게 되고, 그의 행동을 예측할 수 있게 된다. 볼비와 에인즈워스는 최초로 이러한 관계를 생존행동과 심리적 과정으로 설명했다. 이들은 아기가 양육자, 즉 엄마를 자신이 환경을 탐색하는 동안 '안전의 천국(haven of safety)'과 '안전의 기지(secure base)'로 사용하도록 생물학적으로 되어 있다고 설명하고 있다(Ainsworth, 1967; Bowlby, 1969/ 1982). 아기가 안전을 위협 받으면 보호받고 안심할 수 있도록 양육자에게 접근한다는 것이다. 볼비와 에인즈워스는 탐색이 불러일으키는 위협을 아기에게 이루어지는 탐색과 주 양육자에게 접근을 하고자 하는 행동 간의 섬세한 균형으로 설명하고 있는 것이다. 개인차는 이러한 애착-탐색의 균형에서 쉽게 찾아볼 수 있다.

02

애착유형

위로나 안도감을 갖고자 하는 경우 영아가 양육자에게 나타내는 행동들은 바로 접근하기, 울기, 접촉하기, 접촉을 유지하려 하기 등이다. 이러한 행동들이 바로 애착행동들이다. 이러한 애착행동들은 단순히 그 수만을 헤아린다면 특별한 의미가 없다. 모든 영아들은 때때로 그러한 애착행동들을 나타내지만 영아가 환경에서 지각한 위협의 정도에 따라 그 양이 다르다. 위험한 상황에서, 보호가 필요한데도 영아가 애착행동을 나타내지 않는다면 그것은 문제이다. 또한 위험이 별로 없고 탐색할 만한 상황에서 영아가 양육자를 찾느라 탐색을 하지 않는다면 그것도 문제이다. 즉 애착행동이 나타나는 시기와 효과성을 살펴볼 때에 애착행동이 의미가 있다. 따라서 애착관계의 개인차를 살펴보려 할 때는 애착행동의 수를 따지지 않고 영아와 양육자간 상호작용에서 애착과 관련된 행동의 조직, 즉 애착관계의 질을 살펴본다(Sroufe & Waters, 1977).

애착관계의 질에서 개인차는 일반적으로 안정애착(secure attachment)과 불안애착(insecure attachment)으로 나뉜다(Ainsworth, et al., 1978). 여기에서 안정, 불안이란 영아에게 위로나 안도감이 필요한 경우 양육자가 위로나 안도감을 줄 수 있는 가능성과 그러한 가능성을 영아가 지각하고 양육자에게 반응을 어떻게 하는가와 관련되는 것이다.

안정애착이란 영아가 두려움이나 불안을 전혀 느끼지 않는다는 것을 의미하는 것이 아니다(Bowlby, 1973). 두려움이나 불안은 인간의 정상적 행동이며 모든 영아들은 때때로 주위의 무엇인가에 대해 불안과 두려움을 느낀다. 그러한 반응들은 적응행동들인데 그러한 행동들이 양육자에게 접근하도록 해 위협의 근원으로부터 멀어질 수 있게 하기 때문이다. 애착관계에서 안정감이란 영아가 자기에게 위로와 보호가 필요할 때 그것을 줄 수 있는 대상으로 양육자를 신뢰하고 있음을 나타내는 것이다. 안정애착을 형성한 경우 두려움이나 보호가 필요하지 않은 상황에서는 영아가 애착행동을 별로 나타내지 않는다. 그러나 두려움이나 보호가 필요한 경우 즉각 양육자에게 애착행동을 보이며 양육자에게서 위로와 안심을 얻는다. 안정애착관계는 영아에게 주변 환경을 탐색하게 하며 더 알아가게 한다. 왜냐하면 경험으로 보아 자신들이 위험에 놓이거나 두려움을 갖게 될 때 양육자가 항상 위로와 안심을 줄 수 있다는 것을 알기에 확신을 가지고 주위 환경을 탐색해 나갈 수 있기 때문이다.

이러한 확신이 불안애착을 형성한 영아에게는 나타나지 않는다. 불안애착을 형성한 영아들은 자신이 위험으로부터 보호가 필요할 때 양육자의 보호나 위로, 안심이 일관성 있게 주어졌다고 느끼지 못하기 때문이다. 여기에서 주의해야 할 것이 바로 일관성이다. 늘 일관성 있게 양육자가 영아에게 보호나 위로를 해주지 않았다면 실제로 영아가 위험으로부터의 방어나 위로가 필요한 상황에서, 양육자가 자기에게 위로나 위안을 줄 수 있을지 두려움이 생길 것이다. 또한 영아는 양육자가 제대로 반응해 주지 않는 점에 대해 화를 느끼기도 한다. 이러한 화는 자신에게 양육자가 위로나 위안을 줄 수 없다는 점에 대한 정상적 반응으로, 영아가 장기간 격리당했을 때 나타내는 반응과 비슷하다. 볼비는 영아의 화는 양육자가 제대로 반응하지 못한 점에 대한 벌로, 양육자가 계속 그런 행동을 하지 못하게 하도록 진화되어 온 반응이라고 본다. 이렇게 양육자가 바르게 반응해 주지 않거나 엉뚱한 반응을 하는 것을 겪은 영아는 양육자에게 직접 애착행동을 나타낼 수 없게 된다.

불안애착을 형성한 영아를 보면 주변에 위험이 명백히 없는 상황에서도 양육자에게 직접 애착행동을 나타내는데, 이는 양육자의 가능성에 대한 영아의 낮은 불안 상태를 나타내는 것이다. 그러나 위협이 지각되는 매우 불안한 환경에서도 일부 영아는 양육자에게 직접 애착행동을 나타내지 못하거나 양육자에게서 쉽게 위로를 받지 못한다. 불안하게 애착이 된 영아는 안정되게 애착을 형성한 영아들처럼 자신에 대한 확신이 없으며 두려움 때문에 주변 환경을 제대로 탐색하지 못해 환경에 잘 적응하지도 못한다.

03 애착의 측정

그렇다면 영아가 갖는 애착의 개인차는 어떻게 알아보나? 우리는 이 장의 서두에서 낯선 환경에 놓인 세 영아의 반응을 살펴보았다. 분명 세 영아는 애착행동을 다르게 나타내고 있는데, 단순히 영아의 애착행동 반응의 횟수를 관찰해서 애착의 개인차를 알 수 있는 것은 아니다. 애착의 개인차는 주변을 탐색하고 싶은 욕구와 보호와 위안의 욕구 간 균형을 유지하고자 영아가 어떻게 애착행동을 조직화하는가로 평가한다. 영유아 애착의 개인차를 알아보는 가장 일반적인 방법들로는 낯선 상황, 애착 이야기, Q-set 등이 있다. 아울러 여기에서는 성인의 애착유형 평가 방법도 살펴본다.

1 영유아의 애착 측정

1) 낯선 상황

낯선 상황은 에인즈워스와 바버라 비티히(A. Barbara Wittig, 1969)가 영아–양육자의 애착관계를 평가하려고 처음 개발한 것이다. 에인즈워스는 1950년대에는 볼비와 같이 일하기도 했는데 그 후 우간다로 가서 영아와 어머니를 대상으로 자연주의적 연구를 하다 미국의 메릴랜드 주 볼티모어에 정착했다.

볼티모어로 돌아온 에인즈워스는 우간다에서 실시한 어머니와 영아의 격리 연구를 확장해 26명의 영아와 어머니를 대상으로 가정에서 집중 관찰을 했다. 그러나 볼티모어 연구에서 영아들이 가정에서 분리에 대해 나타낸 반응들이 우간다에서 관찰한 영아들보다 덜 고통스러워하는 것을 알 수 있었다. 이에 대해 에인즈워스는 애착행동이 영아에게 친숙하지 않은 상황에서 더 활성화돼 나타난다는 점을 확인했고 애착행동이 더 활성화되는 상황을 만들기 위해 가정이 아니라 낯선 상황이란 실험실에서 영아들의 애착행동을 관찰해 보고자 했다. 에인즈워스는 이 실험을 통해 영아가 낯선 환경을 탐색하고자 하는 탐색 활동과 스트레스 상황에서 양육자가 제공하는 안전기지를 효율적으로 사용하는지 알아보고자 했다.

낯선 상황은 12개월에서 18개월 영아를 대상으로 이루어지는 실험 절차이다. 낯선 상황 실험실은 그림과 같이 영아가 흥미를 가질 만한 놀잇감들이 있는 실험실로 낯선 이와 어머니가 앉아 있을 수 있는 의자가 2개 있는 방이다. 낯선 상황 실험 절차는 표에서 보듯이 8개의 에피소드로 구성돼 있으며 각 에피소드는 3분씩 걸린다. 에피소드 1은 실험자가 영아와 어머니에게 낯선 상황 실험실을 소개하는 상황으로 30초가 걸린다. 나머지 에피소드는 모두 3분씩 했으나 에피소드 4, 6, 7은 영아가 심하게 울거나 어머니가 중단할 것을 요청하면 끝낼 수 있다. 유효순(1985)은 우리나라의 18개월 영아를 대상으로 예비실험을 했더니 에피소드 6의 경우는 영아가 너무 울고 어머니들이 불안해서 에피소드 6을 생략해 본실험을 했다고 보고하고 있다. 또한 에피소드 5와 8은 영아가 진정되는 데 시간이 더 필요하면 연장될 수도 있다.

낯선 환경에 영아가 들어갔을 때 어떤 행동을 보일까? 이 상황은 영아에게 두려움과 호기심이 유발되는 상황이다. 바로 에인즈워스는 각 에피소드에서 영아가 탐색과 애착이라는 두 개의 행동을 어떻게 균형을 이루면서 행동하는지 살펴보고자 했던 것이다. 에인즈워스와 동료들(1978)은 이 낯선 상황 실험을 통해 영아의 애착유형을 안정애착과 불안애착 둘로 나누지 않고 불안애착을 더 세분해

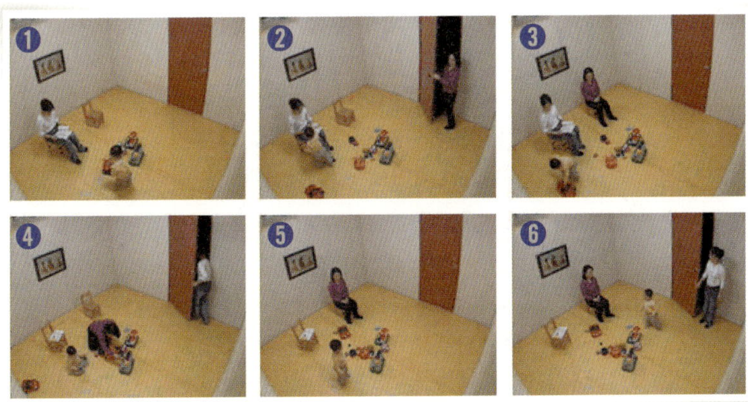

▶ 낯선 상황 실험과정

출처: EBS 《아기성장보고서》 제작팀(2009)의 《아기성장보고서》 동영상에서 발췌.

낯선 상황 실험 절차

에피소드	참여자	시간	에피소드 내용	관찰할 애착행동
1	어머니, 영아, 실험자	30초	실험자가 영아와 어머니를 낯선 상황 실험실로 안내한 뒤 지침서를 어머니에게 준다.	
2	어머니, 영아	3분	어머니는 의자에 앉아 잠시 책을 읽고 영아는 놀이를 하도록 한다. 영아가 어머니에게 접근하면 응해주지만 어머니가 먼저 영아의 반응을 구하는 시도는 하지 않는다.	안전기지로서 어머니
3	어머니, 영아, 낯선 이	3분	낯선 사람이 들어와 1분 정도 가만히 앉아 있다가 어머니와 간단한 대화를 1분 정도 하다가 영아에게 접근한다.	낯선 사람에 대한 반응
4	영아, 낯선 이	3분	어머니는 영아에게 잠시 나갔다 오겠다고 하고 실험실을 나간다. 낯선 이는 어머니가 나간 뒤 필요한 경우 영아를 위로하고 그렇지 않으면 의자에 앉아 있는다.	분리불안
5	어머니, 영아	3분	어머니가 밖에서 아이 이름을 부르고 들어온다. 어머니는 실험실에 들어와 아이의 행동에 반응해 주거나 위로해 준 뒤 다시 의자로 돌아와 책을 읽는다. 이때도 어머니는 먼저 아이를 안거나 하지 않는다.	결합 시 영아의 반응
6	영아	3분	어머니가 다시 잠시 나갔다 오겠다고 하고 실험실을 나간다.	분리불안

7	영아, 낯선 이	3분	낯선 사람이 들어와 영아의 행동에 반응해 주거나 의자에 앉는다.	낯선 사람에 대한 반응
8	어머니, 영아	3분	어머니가 다시 들어와 영아의 행동에 반응해 주고 위로한 뒤 의자로 돌아와 책을 읽는다.	재결합 반응

출처: Ainsworth, Blehar, Waters, & Wall(1978). *Patterns of attachment.* Hillsdale, NJ: Lawrence Erlbaum.

불안-회피와 불안-저항으로 나누어 분류했다. 그 뒤 1983년 에인즈워스는 불안애착을 더 나누어 불안-회피, 불안저항, 혼란애착으로 나누었다.

낯선 상황 실험에서 보면 서두의 첫 번째 아기처럼 낯선 환경, 낯선 이가 두려운 듯 주저하면서 엄마에게 접근·접촉을 하거나 말을 거는 애착행동을 보이지만 이내 엄마 곁을 떠나 놀잇감을 탐색하는 영아들이 있다. 이들은 엄마가 보이지 않으면 울거나 소리 내어 엄마를 찾는다. 그러나 엄마가 돌아오면 엄마에게 접근하거나 접촉하여 쉽게 안정되고 다시 탐색 활동을 한다. 이러한 영아들은 바로 안정애착을 형성한 영아들이다.

즉 안정애착을 형성한 영아들은 낯선 상황에서 양육자를 탐색 행동의 기반으로 사용했다. 양육자와 격리되면 명백하게 불안해했으며 놀이는 빈약해졌다. 이들은 낯선 이에게 친절했으며 엄마와 격리되었을 때 낯선 이에게서 위안을 찾기도 했지만 양육자와는 차이가 있었다. 엄마와 재결합되었을 때 양육자에게 접근과 접촉을 추구했으며 필요한 만큼 접근과 접촉을 유지했다. 그러나 이들은 서서히 놀이를 다시 했다. 엄마와 격리되어 크게 불안하지 않은 경우에도 엄마가 돌아오면 엄마를 보고 웃거나 말을 걸면서 반가워했다. 이렇게 안정애착을 형성한 영아는 일반적으로 약 2/3 정도가 되는 것으로 알려져 있다.

그러나 두 번째 아기와 같은 영아들도 있다. 이들은 낯선 환경에 들어가 두려움을 느끼는 듯 엄마 곁을 떠나지 않으려 한다. 그리고 칭얼거린다. 엄마가 놀잇감을 보여 주고 놀라고 해도 놀잇감을 밀어 낸다. 엄마가 간신히 안정을 시켜 놀잇감을 가지고 놀다가도 엄마 곁으로 돌아온다. 그리고 엄마가 실험실에서 나가자 울며 엄마를 찾아 댄다. 낯선 이가 위로를 해 주려 해도 엄마만 찾는다. 그러나 엄마가 돌아오자 엄마한테 접근하는 듯하다가도 엄마가 안으려 하면 밀쳐 내고 울어 댄다. 엄마가 돌아온 것이 아기에게 별로 위로와 안심이 안 된 듯하다. 이러한 아기들이 바로 불안-저항애착 아기들이다.

불안-저항애착 영아들은 양육자를 낯선 환경에서 탐색을 위한 안전의 기반으로 사용하지 못한다. 이들은 엄마와의 격리 이전에도 엄마와 접근, 접촉을 추구하며 낯선 환경과 낯선 이에 대한 두려움을 나타낸다. 엄마와 격리되면 매우 불안해하며 쉽게 낯선 이에 의해 안정되지 않는다. 엄마와 재결합이 이루어지면 양육자에게 접근하고 접촉하려 하나 접촉해도 안정이 되지 않는다. 일부 불안-저항애착 영아는 심하게 불안해하면서 울어 대나 적극적으로 접촉을 추구하지 못하기도 한다. 불안-저항애착 영아의 가장 뚜렷한 특징은 접촉을 추구하나 일단 접촉이 이루어지면 화를 내며 접촉을 거부한다는 것이다. 즉 엄마와의 관계에 이율배반적이라는 점이다. 이러한 아기들은 약 10~15%가 된다.

세 번째 아기는 불안-회피애착 영아의 대표적 유형이다. 이 유형의 아기들은 엄마의 존재를 실험 상황에서 무시하는 듯하다. 실험실에 들어가면 엄마에게 접근하기보다는 놀잇감을 기웃거리며 돌아다닌다. 그러나 놀잇감에 집중하지 못하며 탐색 행동이 바르게 활성화되지도 않는다. 엄마가 나갔다 오겠다고 하자 한번 쳐다보고 별로 저항하지 않는다. 엄마를 찾다가 엄마가 돌아오지 않으면 그냥 놀잇감을 가지고 만지작거린다. 엄마가 돌아와도 접근하거나 접촉을 별로 하지 않는다.

불안-회피애착을 형성한 영아는 엄마가 있어도 놀잇감과 상호작용한다. 이들은 엄마와의 격리 이전에도 엄마에게 웃거나 놀잇감을 보여 주는 등의 교류는 하지 않는다. 단지 놀잇감을 사용하는 데 도움이 필요한 경우에만 엄마와 교류한다. 격리 시 별로 불안해하지 않으며 불안해하는 경우에도 혼자 있는 것이 가능하다. 이들은 낯선 이를 양육자와 비슷하게 대하며 때로는 양육자하고 더 많은 상호작용을 하기도 한다. 엄마와 재결합 시 엄마를 무시하거나 쳐다보다가 바로 눈길을 돌리며 엄마에게 접근하는 것이 아니라 엄마를 지나쳐 버린다. 엄마가 안아 올리면 엄마와 접촉을 유지하려는 시도를 하지 않는다. 이러한 불안-회피애착을 형성하는 영아는 약

20%가 된다.

마지막 혼란애착 영아들은 약 5~10%에 해당된다고 한다. 이 아기들은 가장 불안정성이 높은 영아들로, 회피애착과 저항애착이 결합된 경우이다. 이들은 엄마와 격리되었다가 재결합 시에도 우울한 표정으로 엄마를 맞을 뿐 아니라 엄마가 안아 줘도 다른 곳을 응시한다.

2) 애착 Q-set 분류하기

애착 Q-set 분류하기는 워터스와 딘(Everett Waters & K. E. Deane, 1985)이 낯선 상황 실험의 대안으로 개발한 방법이다. 이들은 영아의 애착은 실험 상황이 아닌 자연스러운 가정에서 보이는 일상행동을 관찰해 이루어져야 한다고 생각했다. 따라서 이 방법은 영아가 가정에서 일상적으로 나타내는 행동을 나타내는 90개의 카드를 분류하도록 하는 것으로, 12~48개월 영유아의 애착을 측정할 수 있다.

90개의 카드 내용은 예를 들면 '엄마가 달라고 하면 선뜻 자기가 갖고 있는 물건을 엄마에게 나눠 주거나 만져 볼 수 있게 한다(카드 1)', '새로운 장난감을 찾으면 아이는 엄마에게 그것을 가져오거나 멀리서 엄마에게 그것을 보여 준다(카드 14)', '어떤 놀이에 몰두하면 얼굴 표정이 진지하고 분명하다(카드89)' 등으로 이 중 일부의 행동들은 가정에서 일시적인 관찰로는 판단하기 어려운 항목이 있기 때문에 관찰자가 1회 이상(한 회에 2~4시간, 전체 10시간) 가정을 방문한 뒤 분류하게 되어 있으며 어머니도 분류할 수 있다. 어머니가 분류하는 경우에도 애착 Q-set 문항들을 잘 알 수 있어야 하므로 분류하기 전 약 1주 동안 아이를 관찰한 뒤 분류를 하도록 한다.

애착을 알아보는 방법은 관찰자나 어머니가 영아의 특성을 써 놓은 카드를 읽고 자녀와 일치하는 정도에 따라 먼저 세 묶음(상, 중, 하: 자녀가 잘하는 행동, 애매하거나 중간인 행동, 잘하지 않는 행동)으로 나눈다. 이런 뒤 '상'에 속하는 카드들을 들고 다시 상, 중, 하의 세 묶음으로 나눈다. 이렇게 나눈 묶음 중 상에 속하는 카드의 수가 10장이 넘는 경우 이 중에서 가장 상에 속하는 카드 10장을 고르고 나머지 카드는 '중'의 묶음에 넣는다. 만약 '상'에 속하는 카드가 10장이 되지 않는 경우 '중'으로 분류된 카드 중에서 골라 '상'의 묶음에 10장의 카드가 되도록 한다. 다음에는 '중'에 속하는 카드를 가지고 다시 이 묶음에 10장이 되도록 한다. 즉 '중'에 속하는 카드가 10장이 넘는 경우 그 묶음에서 10장을 고르며 나머지는 '하'의 묶음으로 넘긴다. 그러나 모자라는 경우 '하'의 묶음에서 골라 10장의 카드 수를 채운다. 이러한 방법으로 90개의 카드를 모두 9개의 묶음으로 나누며 각 묶음에는 카드가 10장씩 들어가게 된다. 각 묶음에

	일치하지 않는다.			보통이다.			많이 일치한다.			
예:	(1	2	3)	(4	5	6)	(7	8	9)	점 수
	5	9	1	10	26	21	45	55	1	문항번호
	3	4	34	53	12	3	6	23	9	
	⋮	⋮	⋮	⋮	⋮	⋮	⋮	⋮	⋮	

출처: 정옥분 외 (2009) p. 211.

속하는 카드는 그림에서와 같이 1에서 9점을 주게 된다. 각 카드에 준 점수는 준거점수와의 상관계수를 통해 애착의 안정성을 산출하게 된다. 일반적으로 준거점수와 아동의 각 카드에 대한 점수의 상관이 정적 상관을 나타내는 경우 안정애착을 형성하는 것으로 본다. 우리나라의 경우 이영, 박경자, 나유미(1997)가 영아용(12개월) 국내준거점수를 만들었다.

3) 애착이야기 완성 과제

애착이야기 완성 과제(ASCT: attachment story completion task)는 브레서턴, 리지웨이, 캐시디(Bretherton, Ridgeway, Cassidy, 1990)에 의해 개발된 것으로 3세 이상의 아동들을 대상으로 애착을 알아볼 수 있는 방법이다. 영아가 어느 정도 의사소통이 가능한 만 3세가 되었을 때 이들의 자존감, 격리, 외부의 위협 등의 상황에서 애착과 관련된 가족 이야기를 인형을 이용해 놀이 형태로 완성하도록 하는 것이다.

애착 이야기 완성 과제에는 먼저 이야기 진행을 위해 그림에서와 같은 가족인형(아버지, 어머니, 형제/자매, 할머니)과 소품(식탁, 의자, 작은 접시들, 케이크, 잔디밭, 바위, 침대, 자동차)이 필요하다. 그리고 표준화된 다섯 이야기가 준비되어 있다. 실험자는 먼저 아이와 친밀감을 형성하기 위한 이야기(생일잔치)를 하면서 아이와 대화를 나눈 뒤 실험 이야기 5가지를 차례로 실시한다. 예비 이야기와 실험 이야기는 다음의 표와 같다.

애착을 알아보고자 하는 연구자는 먼저 유아와 친밀감을 형성하기 위한 생일잔치 이야기를 들려줌으로써 등장인물에 유아가 익숙하게 한 뒤 순서에 따라 이야기를 들려준다. 즉 저녁식사를 하는 동안 아이가 컵을 떨어뜨렸다. 아이가 잠을 자려고 방으로 갔는데 괴물이 있다고 소리친다. 가족이 모두 놀이공원에 갔는데 동생이 바위에 오르다 넘어져 무릎을 다쳤다. 엄마 아빠가 멀리 여행을 떠나

▶ 애착이야기 완성 과제를 하고 있는 유아

애착이야기 완성 과제 이야기

순서	애착이야기	중심 주제
예비 이야기	생일잔치	실험 인형들에게 친숙하게 하기 위한 이야기
이야기 1	주스를 엎질렀어요.	애착 대상의 권위
이야기 2	무릎을 다쳤어요.	애착과 보호행동을 이끌어 내는 고통
이야기 3	내 방에 괴물이 있어요.	애착과 보호행동을 이끌어 내는 두려움
이야기 4	부모님이 여행을 가셨어요.	부모와 격리 시 대처 능력
이야기 5	부모님이 돌아오셨어요.	부모와 재결합 시 아이의 행동

고 할머니가 아이들을 돌보기 위해 함께 집에 남아 있다. 엄마 아빠가 여행을 간 뒤 할머니가 창밖을 보고 있다가 엄마 아빠가 돌아온다고 알려 준다. 각 이야기 상황에서 연구자는 인형과 소품을 이용해 앞부분을 이야기한 뒤 어떻게 되었을까 하고 질문하고 아이가 이야기하도록 한다.

일반적으로 안정애착을 형성한 아이는 각 상황에서 다음과 같은 반응을 한다. 예를 들어 주스를 엎지른 상황에서는 엄마가 와서 엎질러진 주스를 걸레로 닦고 깨진 주스 잔을 치운다고 이야기한다. 이 상황에서 부모는 화를 내거나 야단을 치지 않으며 아이의 안전을 걱정하며, 야단을 치는 경우에도 가벼운 정도이다. 무릎을 다친 경우에는 가족 구성원 중 한 사람이 아이의 고통에 반응을 해 주며 안아 주거나 밴드를 붙여 주거나 병원에 데려간다. 괴물 이야기의 경우 부모가 아이의 두려움을 알아차리고 해결해 주거나 아이가 안정감을 갖기 위해 가족원에게 달려가거나 안기고, 결국에는 다시 잠을 잘 수 있게 된다. 엄마 아빠가 여행을 가는 경우 "안녕"하고 인사를 하나 엄마 아빠가 멀리 떠나는 것에 대한 두려움도 조금 나타낸다. 엄마 아빠가 여행에서 돌아오면 가족들이 서로 마주 보고 껴안거나 대화를 하는 등 상호작용을 하며 가족이 모두 자연스럽게 일상생활로 돌아온다.

그러나 일부 아이들은 대부분의 질문에서 '몰라요'를 반복적으로 대답하는 경우가 있다. 어떻게 됐을까 반복되는 질문에 이제는 '끝이에요'라고 대답해 대부분의 상황을 회피한다. 이러한 영아들은 불안-회피애착을 형성한 아이들이다.

면접자의 질문에 소수이지만 이상한 반응을 하는 아이들도 있다. 예를 들어 괴물 이야기에 '엄마 아빠는 괴물이 무서워 다 쓰러졌어요. 언니도 올라왔는데 괴물이 귀엽다고 괴물을 가지고 놀았어요', '괴물이 모두 잡아먹었어요'라고 대답을 하거나 엄마 아빠의 여행에서 어떻게 됐을까라는 질문에 '엄마 아빠가 다 죽었어요'라는 대답을 하는 아이들이다. 이러한 아이들은 불안-혼란애착을 형성한 아이들이다.

2 성인애착 측정 방법

일반적으로 내적 실행 모델은 세대 간 전이가 된다고 한다. 따라서 어머니가 안정애착을 형성한 경우 자녀도 안정애착을 형성할 가능성이 높다. 이러한 취지에서 볼 때 어머니나 아버지의 애착유형을 살펴보는 것은 의미가 있다. 따라서 여기에서는 성인의 애착유형을 측정하는 방법을 한두 가지 소개한다.

성인애착이란 성인이 자신에게 신체적, 심리적 안정감을 제공하는 특정한 사람들과의 접근과 접촉을 유지하기 위해 노력하는 경향을 말한다. 이러한 성인의 애착을 알아보는 방법으로 헤이즌(Hazen)과 셰이버(Shaver)의 성인애착척도(Adult Attachment Questionnaire: AAQ)와 바르톨로뮤(Bartholomew)와 호로비츠(Horowitz)의 질문지가 있다.

1) 헤이즌과 셰이버의 성인애착척도

헤이즌과 셰이버(1987)는 성인의 애착 유형을 분류하기 위해 영아 애착 유형을 토대로 안정애착, 회피애착, 불안-양가애착으로 나누었으며 성인의 애착관계를 측정하기 위해 사랑하는 사람과의 관계를 분석했다. 이들은 각 애착 유형을 하나의 진술문으로 표현한 뒤 자신의 특성과 가장 적합한 진술문을 하나씩 선택하도록 했다. 이들에 의하면 안정애착을 형성한 성인은 '나는 다른 사람과 가까워지는 것이 비교적 쉽고, 다른 사람에게 편안하게 의지할 수 있다. 나는 내가 버림받거나 또는 다른 사람과 너무 가까워진다고 걱정하지 않는다.'로 진술되어 있다. 즉 안정애착을 형성한 사람은 연인과 친밀한 관계를 형성하는 데 어려움을 느끼지 않았고 자신이 다른 사람들에게 버림을 받을까 걱정하지 않는 사람들로 표현되어 있다. 회피애착 유형의 진술은 '나는 다른 사람과 가까워지는 것이 다소 불안하다. 다른 사람을 완전히 신뢰하는 것은 어려운 일이다. 누군가가 나와 가까워지려 할 때 심지어 사랑하는 사람이 나와 더욱 가까워지려 할 때 불안함을 느낀다.'로 진술되어 있다. 다시 말해 회피애착을 형성한 사람은 비록 연인이라 할지라도 같이 있는 것이 두려우며 다른 사람을 신뢰하는 데 어려움을 나타냈다. 불안-양가애착의 진술은 '나는 다른 사람과 가까워지길 원하지만 다른 사람들은 나와 가까워지는 것을 주저한다. 나는 내 파트너가 정말로 나를 사랑하는지, 정말 나와 함께 있고 싶은지 자주 의심한다. 나는 다른 사람들에게 피해를 주더라도 정말 내 파트너와 가까워지고 싶다.'로 표현되어 있다. 이들은 사랑하는 사람과 마음을 함께 나누고 친밀한 관계를 갖고자 하나 사랑하는 사람이 자신을 진정으로 사랑하는지 의심하며 혹 그가 자신을 떠나지 않을까 불안해했다.

이러한 헤이즌과 셰이버의 척도는 신뢰도가 비교적 낮게 나타나는 문제점이 있다. 이러한 문제점을 보완하기 위해 콜린즈와 리드(Collins & Read, 1990)가 이들의 척도에 제시된 각각의 애착 유형을 6개 문항씩 만들어 전체 18개 문항으로 성인애착척도를 만들었다. 이 성인애착척도는 각 문항을 읽고 5점 중 하나를 선택하는 5점 척도이다. 각 문항의 예를 보면 다음과 같다.

콜린즈와 리드의 성인애착척도

1. 나는 다른 사람에게 의지하려는 내 자신을 용납하기 힘들다.
2. 사람들은 내가 필요로 할 때 내 가까이에 없다.
3. 나는 다른 사람들에게 편안히 의지한다.
4. 사람들은 내가 필요로 할 때 내 가까이에 있다.
5. 나는 다른 사람들을 완전히 믿기 어렵다.
6. 내가 필요로 할 때 사람들이 내 가까이에 있어 의지할 수 있다는 확신을 하기 어렵다.
7. 나는 버림받을까 봐 걱정하지 않는다.
8. 내가 사랑하는 사람이 나를 진정으로 사랑하지 않을까 자주 걱정한다.

9. 다른 사람들이 마지못해 나와 가까이 있음을 발견한다.
10. 나는 사랑하는 사람이 나와 함께 있고 싶어 하지 않을까 자주 걱정한다.
11. 나는 다른 사람과 완전히 하나로 융합되고 싶다.
12. 다른 사람과 온전히 하나가 되고 싶은 욕구가 가끔 나를 사람들에게서 멀어지게 한다.
13. 나는 사람들과 친해지는 것이 비교적 쉽다.
14. 나는 사람들이 나에게 다가오는 것을 별로 걱정하지 않는다.
15. 나는 사람들과 가까워지는 것이 다소 불편하다.
16. 나는 사람들이 나와 너무 가까워지려 하면 불안해진다.
17. 나는 사람들이 나에게 의지하는 것이 편안하다.
18. 내가 사랑하는 사람은 가끔 내가 편하게 느끼는 것보다 나와 더 친밀해지기를 원한다.

안정애착 문항: 3, 4, 7, 13, 14, 17
회피애착 문항: 1, 2, 5, 15, 16, 18
불안-양가애착 문항: 6, 8, 9, 10, 11, 12

(2) 바르톨로뮤와 호로비츠의 애착척도

바르톨로뮤(1990)는 헤이즌과 셰이버의 성인애착척도를 토대로 자신과 타인에 대한 긍정과 부정 표상을 바탕으로 해 성인의 애착 유형을 안정, 몰입, 무시, 두려움으로 나누고 있다. 그 후 그는 호로비츠(1991)와 성인의 애착 네 가지 범주에 대한 진술문을 만들어 각각의 진술문에 대해 7점 척도로 평정을 하고 4가지 진술문 중 자신과 가까운 진술문 하나를 선택하도록 해 성인애착척도를 제시하고 있다.

안정애착을 형성한 성인은 자신과 타인에 대해 긍정적 모델을 가지고 있다. 이들은 다른 사람과 친밀한 관계에 대해 편안하게 느끼

바르톨로뮤와 호로비츠의 애착척도

번호	진술문
1 (안정)	나는 다른 사람들과 감정적으로 가깝게 지내는 것이 쉽다. 나는 다른 사람에게 의존하는 것과 다른 사람들이 나에게 의존하는 것을 편안하게 느낀다. 혼자 지내게 될까 봐, 또는 다른 사람들이 나를 받아 주지 않을까 봐 걱정하지는 않는다.
2 (무시)	나는 다른 사람들과 감정적으로 가깝게 지내지 않는 것이 편하다. 독립심을 느끼고 자기 충족감을 느끼는 것이 나에게는 매우 중요하다. 나도 다른 사람에게 의존하지 않고, 남들도 나에게 의존하지 않는 것이 좋다.
3 (몰입)	나는 다른 사람들과 감정적으로 아주 가깝게 지내기를 원하지만 다른 사람들은 종종 내가 원하는 것만큼 나와 가까워지는 것을 주저하는 것 같다. 친밀한 관계를 맺지 못하고 있는 것이 불편하지만, 때때로 내가 그들을 중요하게 느끼는 것만큼 그들이 나를 중요하게 여기지 않을까 걱정이 된다.
4 (두려움)	나는 다른 사람들과 가깝게 지내는 것이 불편하다. 감정적으로 친밀한 관계를 맺고 싶지만, 다른 사람들을 완전히 신뢰하거나 그들에게 의존하기가 어렵다. 다른 사람들과 가까워지게 되면 상처를 입을까 걱정이 된다.

※ 위 4가지 진술문 중 자신을 가장 잘 설명해 주거나 자신과 가장 가까운 진술문 하나를 고르세요. (　　　)번

출처: Bartholomew, K., & Horowitz, L. M.(1991). Attachment styles among young adults: A test of a four-category model. *Journal of Personality and Social Psychology*, 61, 226–244.

고 확신을 갖는다. 뿐만 아니라 자신이 버림을 받거나 혼자 남겨질 것에 대한 두려움이 없다. 무시형은 긍정적 자아모델을 갖고 있는 반면, 부정적 타인 모델을 갖는 사람으로, 친밀한 관계를 피하는 경향이 있다. 즉 이들은 다른 사람과 친밀한 관계를 갖는 것을 의존적이라 생각해 좀 더 독립적인 것을 원한다. 몰입형과 두려움형 모두 부정적 자아모델을 갖는다. 그러나 몰입형은 타인에 대해 긍정적 모델을 갖는다. 이들은 다른 사람과 친밀한 관계를 지나치게 갈망하고 다른 사람들이 자신을 좋아하지 않을까 두려워한다. 반면 두려움형은 부정적 타인 모델을 갖는다. 이들은 친밀한 관계를 두려워하는 동시에 친밀한 관계를 맺는 것도 어려워한다. 그리고 다른 사람에게 상처 받을까 두려움을 갖는다.

제4장

내적 실행모델

01 내적 실행모델이란

볼비는 "어린 아동들뿐만 아니라 모든 연령의 인간은 자신이 어려움에 처할 때 언제라도 신뢰할 수 있는 한두 사람이 있다는 확신을 가질 때, 가장 행복하고 자신의 능력을 가장 잘 발휘할 수 있다. 이 신뢰할 수 있는 사람은 바로 안전의 기반을 제공하는 사람이다."라고 언급하면서 요람에서 무덤까지 개인의 정신적 건강은 정서적 지지와 신체적 보호를 제공하는 애착 대상과의 관계와 밀접하게 관련된다고 주장한다. 볼비는 바로 이 애착 대상과의 밀접한 관계를 내적 실행모델(internal working model)이란 개념으로 설명한다. 잘 형성된 애착관계가 어떻게 안식처(safe haven)가 되고 안전의 기반 기능을 할 수 있는지는 애착 대상의 실제 행동뿐 아니라 그들의 상호작용 유형의 관계표상, 볼비에 의하면 바로 내적 실행모델에 달려 있다.

영국 정신분석학회 회원이었던 볼비는 프로이트(1940)의 내적세계(internal world)에 대한 정의에 친숙했던 사람이다. 그러한 볼비가 지적 모델로서 표상의 개념을 사용하게 된 것은 크레이크(Craik, 1943)의 《이해의 본질》(*the nature understanding*)이라는 저서에서

▶ 어머니를 보고 웃는 영아

아이디어를 얻은 한 저명한 생물학자인 영(Young, 1964)의 글에서 영감을 받은 것으로 알려져 있다. 진화론을 받아들인 심리학자였던 크레이크는 후에 '인공지능(artificial intelligence)'이라고 하는 분야의 개척자이다. 그의 실행모델(working model)이란 관계구조(relation-structure)로서, 머릿속으로 실행될 수 있는 외적 현실과 자신에 대한 모델을 가지고 있는 유기체는 여러 다양한 대안을 시도할 수 있어 어떤 것이 자신에게 가장 좋으며, 미래에 어떻게 반응해야 하고 현재와 미래를 다루기 위해 과거의 사건에 대한 지식을 어떻게 활용해야 하는가에 대한 판단이 가능하다. 따라서 당면하는 위기에 더 충실하게, 안전하게 또한 확실하게 대처할 수 있다. 다시 말하면 환경에 대한 내적 실행모델(internal working models)을 만들 수 있는 유기체는 행동의 대안적 과정과 그 결과를 머릿속으로 생각해 보는 데 이 모델을 활용할 수 있어 생존의 가능성을 증진시킬 수 있다고 제안한다.

이렇듯 우리의 두뇌가 마치 머릿속에서 작은 실험이 이루어지듯 실행될 수 있는 모델을 정교화할 수 있다는 주장을, 볼비(1969/1982)는 인간 행동의 복잡성을 이해하고자 하는 사람 누구에게라도 호소력이 있는 것이라고 이야기하고 있다. 볼비가 이야기하는 내적 실행모델은 어떤 사람에 대한 우리의 경험을 토대로 그 사람과의 대화나 상호작용을 상상할 수 있게 하는 표상체계를 의미하는 것이다. 볼비(1980)에 의하면 우리가 일상생활에서 겪는 여러 상황은 우리 자신과 세상에 대해 갖는 표상모델 속에서 해석이 된다. 감각기관을 통해 우리가 갖는 정보들은 이러한 모델에 의해 선택되고 해석되며 그러한 정보가 우리에게 주는 의미나 중요성이 바로 이 모델에 의해 평가되며 취해야 할 행동 역시 계획된다. 각 상황을 우리가 해석하고 평가하는 것은 나아가 우리가 어떻게 느끼는지도 결정하게 된다.

이러한 볼비의 내적 실행모델이란 개념은 다른 정신분석이론의 대인관계에 대한 개념과 관련성이 있다. 정신분석이론에서도 대인관계를 내적 대상, 자아, 투사적 동일시라는 용어로 쓰고 있다. 자신이나 부모에 대한 표상이라는 측면에서 볼 때 이러한 용어는 애착이론과 공통성을 갖는다. 그러나 여러 면에서 결정적 차이가 있는데 이를 지적하면 다음과 같다.

우선 정신분석이론보다 볼비는 내적 실행모델이라는 개념을 더 좁게 그리고, 더 넓게 사용하고 있다. 애착이론이 내적 실행모델의 개념을 더 좁게 쓰고 있다는 것은, 다른 이론에서와 같이 모든 사회적 관계를 의미하지 않고 오직 안전의 기반이 되고 안식처가 되는 애착 대상 한 사람과의 관계를 의미하기 때문이다. 그러나 다른 이론보다 넓은 의미로 사용하는 측면도 있는데, 이는 애착 실행모델의 구조가 오직 정신병리적 관계를 설명하는 데 사용되는 다른 이론과는 달리 정신병리적 관계뿐 아니라 건강한 발달을 설명하는 데도 쓰이기 때문이다.

한편 셰이퍼(Shaffer, 2000)는 내적 실행모델이란 영아가 양육자들과 상호작용해서 형성한 나와 타인, 그리고 관계에 대한 인지적 표상이라 정의하고 있다. 즉 내적 실행모델이란 삶의 초기에 양육자들과 애착관계를 통해 형성한 자신과 타인, 자신-타인 관계에 대한 인지적 표상으로 이 인지적 표상은 평생 우리의 모든 관계에 지속적으로 영향을 미치는 토대가 된다.

브레서턴(Bretherton, 1985)에 의하면 내적 실행모델에서 실행이라는 용어는 정신적 표상의 역동적 측면을 가리킨다. 정신적 모델이 작동함으로써 사람들이 현재를 해석하고 다양한 행동을 평가하고 미래에 대해 적절한 대안을 선택할 수 있다. 모델이라는 용어는 건설된다는 의미를 담고 있다. 즉 초기의 단순한 모형이 발달해 좀 더 복잡한 실행모델로 교체될 수 있다는 뜻이다.

02

내적 실행모델의 발달

내적 실행모델은 영어로 'internal working model'이다. 볼비가 works나 worked가 아닌 working이란 단어를 썼듯이 내적 실행모델은 영아기 이후에도 지속적으로 다양한 경험의 영향을 받으며 새로운 경험으로 계속 갱신해 간다. 우리는 성인기까지 늘 변화하는 내적 실행모델을 통해 이 세상을 이해한다(Peterfreund, 1983). 사람들은 실행모델을 통해 정보를 자기 방식대로 해석하고 선택하고 처리해 자신의 독특한 세계관을 형성한다. 내적 실행모델 때문에 우리는 이미 알고 있는 세상을 다른 방식으로 바라볼 수도 있고, 새로운 가능성을 생각해 볼 수도 있고, 발생 가능한 결과를 예측해 볼 수도 있다. 이러한 실행모델이 낯선 상황에서 성공적으로 작용되면 실제로 경험했던 상황뿐 아니라 다른 유사한 상황에서도 확대 적용될 것이다. 즉 실행모델은 우리의 생각을 시험해 보고 평가해 보는 정거장이 된다.

그렇다면 내적 실행모델은 영아의 연령에 따라 어떻게 발달해 가는가. 애착이론에서 실행모델이란 중요한 타인과 관계를 맺은 자신에 대한 표상체계이다. 자신에 대한 표상은 자신이 가치 있고 사랑

받을 만한 사람인가에 대한 것이며, 타인에 대한 표상은 도움이 필요한 상황에서 자신이 애착을 형성한 대상이 의지하고 믿을 만한 사람인가에 대한 표상이다. 이러한 맥락에서 볼 때 실행모델의 질은 아동이 지지와 보호를 요청했을 때 애착 대상이 잘 반응해 주었는가와 다른 사람, 특히 애착 대상으로부터 지지와 위로를 받았는가에 대한 아동 자신의 판단으로 이루어진다. 발달과정에서 보면 영아의 감각운동-정서적 내적 실행모델은 점차 복잡해지며 지적조작이 가능하게 되며 단기간의 예측만이 아니라 과거, 현재, 미래의 상호관계를 내적 자극이라는 방법으로 반영할 수 있게 된다(Bowlby, 1988). 자신과 애착 대상에 대한 내적 실행모델의 형성, 발달, 기능 및 세대간 전이에 대해 볼비는 그의 유명한 저서 《애착과

▶ 이제 제법 잘 걷고 말을 할 줄 아는 두 돌쯤의 영아

상실》(*Attachment and Loss*)에서 설명하고 있다.

일반적으로 영아는 이미 한 돌 말쯤에 애착 대상의 행동을 생각하고 예측할 수 있고, 그에 따라 자신의 행동을 적응하기 위한 실행모델을 가지고 있다고 한다. 그리고 두 돌이나 세 돌쯤 된 걸음마기의 아이는 놀이나 언어로 애착 대상과 자기의 관계를 나타낼 수 있다. 예를 들어 엄마와 자주 격리되었던 두 돌쯤의 아이는 인형에게 "엄마는 집에 돌아올 거야."라고 이야기하면서 놀이를 했는데, 이는 엄마의 부재에 대한 영아의 사건 도식을 나타내는 것이다.

볼비는 내적 실행모델의 형성에 대해 다음과 같이 언급했다(Bowlby, 1982, p. 354).

> 생후 1년 말, 더 확실하게는 출생 후 2년째나 언어능력이 어느 정도 이루어지는 3년째가 될 때 아동은 적극적으로 물리적 세계에서 자신이 어떻게 행동하기를 기대받는가, 자신의 어머니나 주변 사람들이 자신이 어떻게 행동하기를 기대하는가, 스스로 자신이 어떻게 행동하기를 바라며 서로 어떻게 상호작용하기를 바라는가에 대한 실행모델을 구성하느라 바쁘다. 이러한 실행모델의 범위 안에서 아동은 자신의 상황을 판단하고 계획을 세운다. 또한 어머니와 자신에 대한 실행모델 안에서 상황의 여러 측면을 평가해 자신의 애착 계획을 세운다.

03 내적 실행모델의 특성

볼비는 내적 실행모델을 단순히 애착과 관련해서만 이야기하는 것이 아니라 일반적 구조로 이야기하고 있으나 애착관계와 관련해 정신적 모델의 형성, 모델의 사용, 모델의 수정 등에 대해 가장 깊이 있게 논하고 있다. 볼비에 의하면 내적 실행모델의 특성은 상호관계-특수성, 애착안정성의 지속성, 방어적 과정에서 실행모델의 조직화와 개방적 대화의 필요성으로 설명할 수 있다.

우선 내적 실행모델의 상호관계-특수성에 대해 살펴보자. 볼비(1988)에 의하면 영아의 애착 내적 실행모델은 그들의 부모와 날마다 주고받은 상호작용의 경험을 토대로 이루어진 것이기 때문에 상호관계-특수성이 있다. 나아가 실행모델은 대인관계의 상호작용에서 형성되므로 자신과 애착 대상에 대한 모델은 필연적으로 상호 형성된다. 예를 들어 부모가 사랑하고 보호하면 영아는 사랑을 받고 안정된다.

세상에 대한 실행모델에서 핵심 인물은 누가 자신의 애착 대상인가이며 이 대상을 어디에서 찾고, 그들의 반응을 어떻게 기대하는가와 관련된다. 이와 마찬가지로 자신에 대한 실행모델에서는 핵심

인물은 자신이며 자신이 애착 대상에게 받아들여지는가 아닌가와 관련된다. 이러한 모델의 구조는 영아가 두려움을 가질 때 애착 대상이 쉬이 가능하여 확신을 가질 수 있는지 아니면 가능하지 않아 —가끔, 자주, 또는 대부분— 다소 두려운가에 따라 다르게 된다. 다시 말해 영아 자신과 부모의 상보적 모델이 이들의 관계에서 양쪽 모두에 표상이 된다.

즉 내적 실행모델은 주 양육자와 맺은 관계에서 형성되는 것으로, 이것이 일반화되어 안정애착 영아는 자신이 필요로 할 때 항상 주 양육자가 존재했기 때문에 자신에 대해 긍정적 내적 실행모델을 형성하며, 이러한 긍정적 실행모델을 다른 사람이나 세상과의 관계에서도 반영해 나타낸다. 그러나 불안애착을 형성한 영아는 자신이 필요로 할 때 부모가 있지 않았던 경험을 토대로 자신이 사랑 받을 가치가 없고 쓸모없다는 부정적 내적 실행모델을 형성한다. 그리고 이를 다른 사람이나 세상과 교류할 때도 적용해 다른 사람이나 세상을 회피하거나 반대로 공격적인 성향을 나타내게 된다. 영아가 성장하면서 정보가 추가되더라도 초기에 형성된 모델을 토대로 형성되기 때문에 초기 애착 경험은 내적 실행모델을 통해 지속적으로 영아의 발달에 영향을 준다.

둘째, 발달적 변화에서 애착안정성의 지속성을 설명할 수 있다. 애착 문헌에서 안전성(security)이라는 용어는 연령에 관계없이 필요한 경우에 보호적이며 지지적인 사람이 정서적으로 유효하며 자신에게 반응해 줄 것이라는 믿음을 의미한다. 볼비(1988)는 아직 지속적인 안정애착관계의 유지가 제대로 발달하지 않은 영아의 자신과 애착 대상에 대한 실행모델이 아동기와 청소년기의 의사소통, 사회성, 인지적 성숙과 더불어 갱신이 되어야 한다고 반복적으로 강조한다. 부모 자신과 자녀에 대한 실행모델도 마찬가지이다.

실행모델은 영아가 발달하면서 갱신되지만 볼비는 비교적 지속성이 있음을 다음과 같이 설명하고 있다.

첫째, 습관적 상호작용은 지각에 편파를 가져온다. 이는 그가 장 피아제(Jean Piaget)의 '동화(assimilation)'라는 개념에서 얻은 아이디어이다. 동화란 아동이 형성한 하나의 인지 도식을 다른 상황에 그대로 적용하는 것이다. 예를 들어 엄마가 강아지를 '멍멍이'라고 가르쳐 주었는데, 어느 날 영아가 그림책에서 고양이를 보고 멍멍이라고 부른다. 이는 영아가 엄마의 가르침에 따라 만든 멍멍이란 도식에 네 발과 털이라는 요소가 들어 있었는데 고양이를 보니 발이 네 개이고 털이 있는 것을 알고 자신이 가지고 있는 '멍멍이'라는 도식을 적용해 고양이를 멍멍이라고 부르는 것이다. 이는 영아가 만난 새로운 환경에 자신이 가지고 있던 도식을 그대로 활용한, 즉 동화를 한 것이다. 이러한 동화라는 개념에 의하면 애착 대상이 정서적으로 유효하다는 영아의 신뢰는 양육자의 민감성이 때로 감소되더라도 약해지지 않고 비교적 안정적이며 지속적이다.

둘째, 두 사람의 실행모델은 상호관계에 따라 이루어진 것으로 한쪽이 새로운 행동을 하면 다른 쪽은 이에 대해 저항해 옛 관계로 돌아가려 시도하게 된다.

셋째, 자주 반복되는 상호관계 유형은 점차 자동화되는 경향이 있어 주의를 덜 기울이게 되고 실행모델의 의식적 수정을 막게 된다. 따라서 일단 형성된 안정애착은 지속적인 경향이 있다. 그러나 안정애착이 형성된 경우에도 아동의 실행모델에 방어적 변화가 일어날 수 있는데, 이는 유기의 위협, 애착 대상으로서 부모에 대한 신뢰가 떨어지는 때이다. 그러나 가족에게 스트레스를 주는 상황이 개선되거나 다른 사람의 효과적 지지가 이루어질 수 있으면 이전에 거부적이고 무심한 부모가 좀 더 자녀의 애착욕구에 대해 민감하게 반응할 수 있게 된다. 하지만 불안애착관계에서 실행모델의 방어적 기제가 형성이 되면 긍정적 관계의 재구성은 쉽게 이루어지지 않는다.

다음은 방어 과정에서 실행모델의 조직화에 대해 살펴보자. 볼비

▶ 그림책을 보고 있는 영아

는 '억압(repression)'이란 장기간 또는 영구적으로 한 개인에게 특별한 정보의 처리 과정이 더 이상 이루어지지 않게 하는 체계적 배제라 설명하고 있다. 그는 우리에게 들어오는 정보는 의식이 되기 이전 항상 무의식적 분석과 통합 과정을 거치게 되는데, 각 단계에서 주로 현재의 목적과 관련되는 정보는 유지되고 정교화되는 반면 무관한 정보는 버려지게 된다고 보았다. 배제에는 방어적 배제와 선택적 배제가 있는데, 방어적 배제(defensive exclusion)와 선택적 배제(selective exclusion)를 구분하게 하는 것은 목적이다. 방어적 배제의 목적은 개인이 사실로 받아들이게 되면 참을 수 없는 사건이나 생각을 알지 못하게 하는 것이다. 방어적 배제는 일시적이지만 적응적 기능을 갖는다. 그러나 장기간 지속되거나 상황이 변했을 때는 적응적 기능이 사라질 수 있다.

애착실행모델에서 방어적 배제의 영향을 설명하기 위해 볼비(1980)는 심한 정서적 문제를 지녔던 아동이나 성인들에 대한 연구를 재분석했다. 이 중 두 사례가 그에게 방어적 배제에 대한 아이디어를 주었는데, 한 사례의 아동은 끊임없이 부모에게 거부되고 무시되고 조롱을 받고 벌받은 아동의 애착행동이었고, 다른 하나는 부모가 자녀가 아는 것을 원하지 않고 사실로 받아들이는 것에 대해 벌을 준 경우였다. 후자의 아동은 한쪽 부모가 성적 학대를 한 경우로, 어머니는 그러한 사실을 부정하고 아버지의 자살을 부정하면서 아버지의 죽음이 자살이 아니라 심장마비 때문이라고 설득했다. 이 두 아동의 공통적 반응은 자기와 부모에 대한 두 개의 갈등적 실행모델을 갖는다는 것이다. 하나는 부모에 대한 자신의 경험에 근거해 방어적으로 배제된 것이고, 다른 하나는 부모가 아동이 믿도록 원하는 것을 반영한 것으로 의식적으로 아동이 받아들이는 것이다.

볼비는 왜 아동이 실제로 일어난 일에 대해 부모가 원하는 것을 공통적으로 받아들였는가를 다음과 같이 설명하고 있다. 첫째로 아동이 자신을 '나쁘다'라고 보는 것보다 애착 대상이 자신을 사랑하지 않는다고 보는 것이 아동에게는 더 힘들기 때문이다. 둘째는 부모가 아동이 무슨 일이 일어났는지 질문하는 것을 강력히 막고 아동이 다른 사람에게 부모의 행동을 말하면 심하게 처벌할 것이라 위협했기 때문이라고 보았다. 정서적 문제를 갖는 아동이나 성인들은 성장해서도 어려서 형성한 방어적으로 배제된 모델을 사용한다.

마지막으로 볼비(1988)는 안정애착과 불안애착 관계의 내적 실행모델을 아래와 같이 아동과 부모의 상호작용의 질과 이들의 관계에서 일어난 개방적 대화로 설명을 한다. 부모와 개방적인 대화가 없는 경우 아동은 비조직화되거나 혼란스러운 내적 실행모델을 형성하지만, 부모가 정서적으로 개방된 대화를 하는 경우 아동이 실행모델을 형성하고 수정하는 것을 도울 수 있다.

가정에서 불안과 두려움을 경험한 아동들은 부모의 지지에 확신이 없을 뿐 아니라 왜곡된 부모의 압력(예를 들어 부모가 아니라 아동이 보호자로서 행동하기를 바라는)을 받아 자신과 부모 그리고 이들의 관계에 대한 부모의 거짓모델을 받아들이게 된다. 그러나 비교적 안정되고 확신이 있는 가정에서 자란 아동은 자신이 필요한 경우 부모의 지지를 항상 기대할 수 있으며, 또한 부모 자신의 실행모델에 의한 솔직한 대화를 통해 자율성에 대한 격려가 이루어져 아동 자신과 부모 자신의 실행모델이 모두 인정되나 항상 질문과 수정에 개방적이다(1973, 322-323).

내적 실행모델은 부모와 아동 사이의 행동적, 정서적 상호작용을 통해 전달되는 것으로, 부모가 자신들의 관계에 대해 솔직하게 열린 대화를 하고 아동이 내적 세계를 탐색하려 할 때 격려하면 적응적인 내적 실행모델을 형성하게 할 뿐 아니라 필요한 경우 내적 실행모델을 수정할 수 있다.

내적 실행모델의 중요한 또 하나의 측면은 이 실행모델이 한 세대에서 다음 세대로 전이된다는 것이다. 볼비에 의하면 아동은 자기도 모르게 부모와 동일시를 해 자기가 부모가 되었을 때 어려서 경험했던 것과 같이 자녀를 대하게 되어 동일한 상호작용 유형이 한 세대에서 다음 세대로 전이된다.

04 내적 실행모델의 기능과 질적 차이

1 내적 실행모델의 기능

실행모델의 유용성에 대해 언급한 사람은 볼비만은 아니다. 존슨 레어드(Johnson-Laird, 1983)도 크레이크의 이론에 근거해 『지적 모델』(*Mental Models*)이라는 저서를 냈는데, 여기에서 그는 실행모델은 유기체가 통찰적이고 선견지명이 있는 행동을 하게 함으로써 생존에 도움이 된다고 지적하고 있다. 지적 모델의 핵심은 유기체가 적응적인 행동을 할 수 있게 하는 것이다.

애착관계에서 보면 내적 실행모델이란 초기 환경에서 애착 대상과의 상호작용 패턴에 따라 구성되는 것으로, 영아는 양육자의 반응성과 접근 가능성을 바탕으로 자신과 타인에 대해 정신적 표상을 형성하게 된다. 이러한 내적 실행모델은 전 생애에 걸쳐 자신(self)이나 타인, 또는 자신과 타인이나 세상의 관계에 대한 신념, 또는 기대로 추상화되면서 아동이 정상적인 발달 경로를 유지하게 하기도 하고 정상적 발달 경로에서 벗어나게 하는 주 요인이 되기도 한다(Sable, 2000).

볼비는 영유아기 때 부모와 어떤 상호작용을 통해 어떤 유형의 애착을 형성했는냐에 따라 다른 내적 표상이 이루어지고, 이는 이후의 다른 사람과의 관계 형성에 기초가 된다고 보았다. 예를 들어 애착 대상인 주 양육자가 위험이나 스트레스 등과 같이 자신에게 도움이 필요한 상황에서 민감하게 알아채고 자신에게 반응해 주고 도움을 주는 경우, 영아는 주 양육자인 부모가 애정적이고 수용적이라는 표상뿐 아니라 자신이 도움을 받을 만한 가치가 있는 존재라는 표상을 하게 된다. 그리고 타인과 새로운 관계를 맺게 될 때에도 이 내적 실행모델을 바탕으로 신뢰할 만한 지지적인 관계를 기대하게 된다. 즉 안정애착을 형성한 영아는 애착 대상인 주 양육자와 긍정적인 애착관계를 형성했기 때문에 다른 사람들과도 쉽게 친해지고 신뢰를 하게 되며 타인의 감정을 잘 이해하고 해석하며 상대방의 마음을 잘 이해하고 배려하고 긴밀하고 조화로운 관계를 맺는다.

그러나 애착 대상인 주 양육자가 스트레스 상황에서 영아가 기대하는 도움을 주지 않고 지속적으로 거부하는 경우, 영아의 부모에 대한 내적 실행모델에는 부모가 자신에게 안심과 위로의 대상이 되지 못한다는 표상을 하게 된다. 즉 부모가 거부적이라는 표상뿐 아니라 영아 자신도 도움 받을 만한 가치가 없다는 표상을 형성하게 된다. 이러한 표상은 부모뿐 아니라 다른 사람도 그러하리라는 생각을 하게 한다. 주 양육자를 신뢰하지 못하듯 다른 사람도 신뢰하지 않기 때문이다. 특히 회피애착 유아는 자신의 감정 표현을 억제

▶ 여러 유아들과 어울리지 못하는 영아

하고 특별한 감정을 일으키는 활동 자체를 회피한다. 자기가 도움이 필요해 신호를 보냈을 때 주 양육자가 이를 거부하고 무시했기 때문에 다른 사람들도 그러하리라 생각한다. 따라서 또 상처 받는 것보다 혼자 노는 것이 오히려 더 편하다고 생각해 다른 유아들과 어울리려 하지 않고 혼자 논다.

한편 불안-저항 유아는 자신이 이해할 수 없을 정도로 일관성 없는 반응을 보였던 주 양육자 때문에 자기 감정을 어떻게 조절해야 할지 모른다. 자기 감정을 파악하고 대응하는 방법을 터득하지 못했기 때문에 다른 사람들의 관심을 끌기 위해 지나치게 화를 내거나 공격적 행동을 한다. 그러나 상대가 그러한 자신의 행동에 대해 화를 내면 곧바로 위축되고 수그러든다.

즉 볼비에 의하면 어린 시절 부모와의 관계에서 어떠한 애착관계가 형성되었느냐에 따라 아주 다른 내적 표상이 형성되고, 일단 형성된 내적 표상은 이후의 관계에 지속적으로 영향을 미쳐 자신의 내적 표상을 확신시켜 주는 사회적 관계를 형성하게 된다. 이러한 내적 실행모델과의 관계는 아동의 자아개념이나 대인관계에 대한 표상에 영향을 준다.

2 내적 실행모델의 질적 차이

그렇다면 이러한 내적 실행모델은 질적으로 어떤 차이를 나타낼까? 버클리의 한 종단적 연구(Main, Kaplan, & Cassidy, 1985) 참여자를 대상으로 한 연구 결과를 살펴보자. 이 연구에서는 12개월과 18개월에 낯선 상황에서 애착을 측정한 뒤 6세에 다시 이들을 관찰했다. 6세에서는 격리 상황에 대한 격리불안 검사, 가족사진에 대한 유아의 반응, 가족 그리기, 한 시간 동안 격리 뒤 재결합에 대한 부모와 유아의 대화, 애착관계에 대한 부모의 지적 표상에 대한 정보가 수집되었다. 각 상황에 대한 반응을 보면 다음과 같다.

첫째, 격리불안 검사의 격리 상황 그림을 본 영아의 반응을 보면, 영아기 안정애착으로 분류된 6세 유아는 일관되고 개방적인 반응을 보였다. 이들은 자신의 격리 경험에 대해 자발적으로 언급했다. 이와는 달리 영아기 불안-회피애착으로 분류되었던 유아는 격리불안 검사의 격리 그림에 대해 슬프게 기술하면서도 그림 속 아동의 격리에 대해 그 아동이 무엇을 할 수 있는지는 모른다고 대답했다. 불안-비조직애착 유아는 침묵하거나 비합리적이거나 괴상한 반응을 보였다.

둘째, 부모와 격리 시 보여 준 가족사진에 대한 반응을 보면, 12개월 때 안정애착으로 판정되었던 6세 유아는 가족사진을 보고 웃고 가족사진에 대해 언급했다. 그러나 영아기 불안-회피애착으로 분류되었던 유아는 사진에서 눈길을 돌리거나 사진을 땅에 떨어드리거나 검사자에게 넘겨주었다. 불안-비조직애착으로 분류되었던 유아는 매우 깊은 좌절감을 표현했다.

셋째, 가족 그림을 그려 보라 하고 반응을 살펴보면 영아기 안정애착으로 분류되었던 유아는 온 가족이 가까이 있으며 손을 잡고 있는 그림을 그렸다. 그림 속의 개개인이 잘 나타나 있으나 모두가 웃고 있는 것은 아니었다. 그러나 불안-회피로 분류되었던 유아의

▶ 유아가 그린 가족 그림

그림에서는 가족 모두가 똑같이 웃고 있는 거짓스러운 분위기를 느낄 수 있었으며, 가족이 각각 떨어져 있었고 팔이 없는 경향이 있었다. 불안-비조직애착으로 분류되었던 유아는 안정애착과 불안-회피애착으로 분류되었던 유아들의 반응이 혼합된 반응을 보였다. 여기에 몇몇 이상한 측면이 있었는데 예를 들어 이상한 표식이 있거나 그림을 다 완성하지 않거나 일부는 그렸던 그림을 지워 버렸다. 여기에 심장 모양이나 무지개 모양이 첨가되었다.

넷째, 엄마와 재결합했을 때 유아의 반응을 보면 안정애착으로 분류되었던 유아는 다양한 주제에 대해 이야기를 했으나 불안-회피애착으로 분류되었던 유아는 사물에 대해서만 이야기하고 오직 '네', '아니오'로만 대답했다. 불안-비조직애착으로 분류되었던 유아는 많이 망설이는 경향이 있었다.

마지막으로 부모의 애착 유형과의 관계를 살펴보면 영아기 안정애착으로 분류된 유아의 부모는 애착과 자율성 모두 중요하게 여기며, 자신의 발달에 미친 애착 관련 주제에 대한 토론에도 편안하게 임했다. 반면 불안-회피애착으로 분류되었던 유아의 부모는 애착을 저평가하거나 자신의 애착 경험이 자신의 발달에 별로 영향을 미치지 않은 것으로 이야기했다. 또한 이들은 종종 어린 시절에 대해 기억을 하지 못한다고 대답했다. 마지막으로 불안-비조직애착으로 분류되었던 유아의 부모는 해결하지 못한 문제로 갈등을 갖는 것처럼 나타났다.

제 5 장

애착형성과 부모

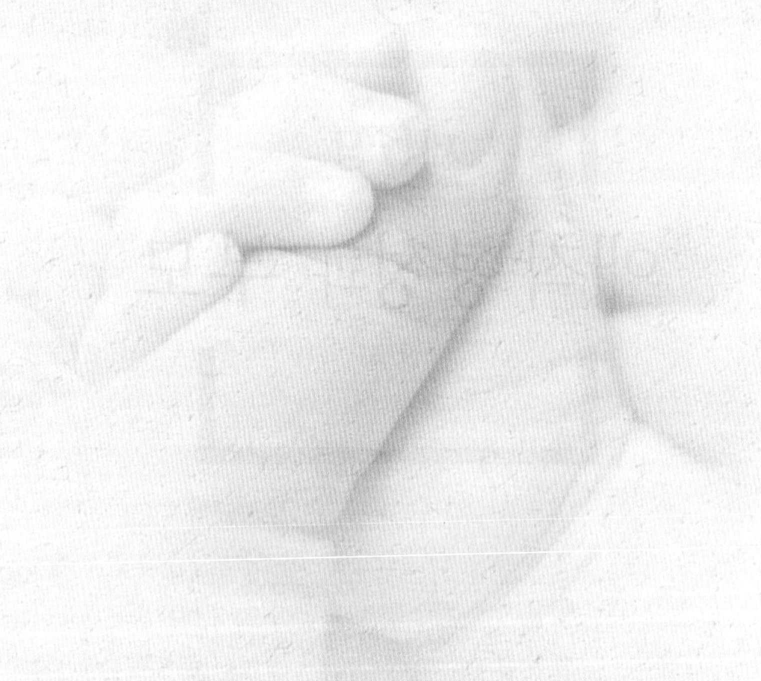

01

어머니의 역할

1 할로의 연구

애착형성에 중요한 요인은 우선 할로의 연구에서 살펴볼 수 있다. 할로는 오랫동안 동물들의 행동을 연구한 사람으로, 연구의 초점은 원숭이의 인지능력에 관한 것이었다. 그는 원숭이가 문제를 어떻게 해결해 나가는지 관심이 있었다. 이러한 연구를 하는 도중 할로는 어미와 격리해 키운 원숭이들이 신체적으로는 건강하나 사회성에 문제가 있음을 발견했다. 예를 들어 어미와 격리돼 자란 원숭이가 우리 안에 있는 헝겊기저귀에 애착이 깊은 것을 알 수 있었다. 이러한 행동은 그의 주 관심사가 아니어서 소홀하게 여겼으나 후에 정의적 측면이 부각되면서 할로는 이 분야에 관해 일련의 연구를 하게 되었다. 그러한 연구가 바로 유명한 대리모에 관한 연구와 고립시켜 키운 원숭이에 대한 연구이다. 대리모 원숭이에 관한 실험은 애착이 학습이론에서 주장하는 것처럼 어머니가 아기의 기본 생리적 욕구를 충족하기 때문에 어머니에게 애착이 형성되는 것만은 아님을 입증했으며 고립돼 자란 원숭이 실험은 영아기 어머니와의 상호작용이 그 후 발달에 얼마나 중요한지 시사하는 것이었다.

1) 대리모와 원숭이

전통적 학습이론에서는 어머니와 아기의 관계를 어머니가 아기의 기본 생리적 욕구를 충족시켜 준다는 관점에서 보았다. 아기는 출생 초 무기력한 상태에서 어머니를 통해 모든 욕구를 충족하게 되어 자연히 어머니와 아기 사이에 깊은 관계가 형성되며 애착이 이러한 욕구의 충족에 근거해 점차 형성된다는 것이다.

할로는 이러한 주장을 원숭이를 대상으로 알아보고자 했다. 그는 새끼 원숭이의 어미 대신 두 종류의 대리모를 만들었다. 하나는 철사줄로 된 모형 원숭이고 다른 하나는 철사줄로 된 모형 원숭이에다 부드러운 헝겊 옷을 입힌 모형 원숭이였다. 태어난 지 12시간이 안 된 새끼 원숭이 4마리씩을 대리모가 있는 두 우리 속에 넣었다. 이 두 우리는 서로 오갈 수 있게 만들어져 있었다. 각 대리모에게는 가슴 부위에 젖병을 달아 새끼 원숭이들이 같은 시각에 젖을 먹을 수 있게 했다. 새끼 원숭이들을 관찰한 결과 그림과 같은 재미있는 결과를 얻었다. 즉 젖을 먹을 때 철사줄 대리모에게서 젖을 먹었던 원숭이 새끼들도 나머지 대부분의 시간은 옷을 입은 대리모에게서 보냈다는 점이다. 이런 결과는 신체적 욕구의 충족과는 관계없이 따뜻함이 새끼 원숭이에게 매력을 발휘함을 나타내는 것일 뿐 아니라, 새끼 원숭이가 음식보다는 따뜻함에 근거해 애착을 형성함을 알 수 있었다.

한편 할로는 대리모에게서 자라는 새끼 원숭이들이 두려운 상황

▶ 옷을 입은 대리모에게 매달려 있는 원숭이

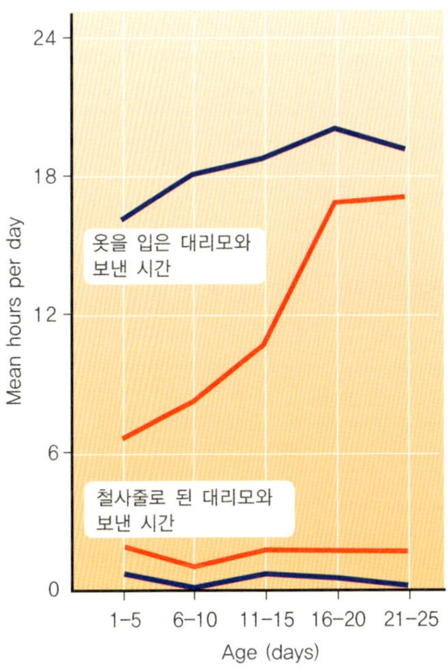

* 파란색 선 : 옷을 입은 대리모에게서 젖을 먹은 원숭이
* 주황색 선 : 철사줄로 된 대리모에게서 젖을 먹은 원숭이

▶ 각 대리모와 보낸 시간
출처: Santrock, J. W. (2004) p. 369.

에서는 어떻게 반응하나 알아보려고 시끄러운 소리를 내면서 다가오는 커다란 곰 인형을 우리 안에 넣어 보았다. 그랬더니 옷을 입은 대리모에게서 자란 새끼 원숭이들은 대리모에게 꼭 매달려 있다가 점차 곰 인형 앞으로 모험을 해 나갔다. 그러나 철사줄 대리모에게서 자란 원숭이들은 곰 인형을 세게 밀쳐 내고, 대리모한테 매달리지도, 대리모를 껴안지도 않았다. 대신에 이들은 몸을 웅크리고 앞뒤로 흔들거리거나 우리 한쪽 벽에 몸을 문질렀다.

또한 할로는 대리모와 새끼 간의 유대 정도를 알아보려고 6개월 후 대리모들과 새끼들을 분리시켜 보았다. 옷을 입은 대리모에게서 자란 원숭이들은 대리모가 돌아오자 정상 환경에서 자란 원숭이들처럼 대리모에게 접근했으며 대리모와 분리되면 만질 수 없어도 대리모가 시야에 있는 경우 안심을 했다.

이와는 달리 철사로 된 대리모에게서 자란 원숭이들은 대리모가 우리 안에 있건 없건 비슷하게 행동했으며 두렵거나 놀랐을 때 철사줄 대리모는 위안의 대상이 되지 못했다.

2 스피츠의 연구

할로의 긴 시간 고립돼 자란 원숭이들처럼 아기가 오랫동안 고립돼 자라면 어떻게 될까? 이러한 궁금증에 답을 주는 것이 프랑스 국립병원 의사였던 스피츠 박사다.

스피츠 박사는 감옥에서 태어나 길거리에 버려진 아기들을 돌보는 일을 하게 되었다. 그는 이 아기들을 위해 주변 환경을 깨끗이 할 뿐만 아니라 음식도 넉넉히 제공했다. 그런데도 아기들은 전염병에 걸리거나 죽는 일이 적지 않았다. 뿐만 아니라 엄마를 잃고 4개월 이상 병원에서 자란 아기들은 이상행동까지 보였다. 생후 4개월 된 한 아기는 잘 울지도 않고, 울더라도 힘이 없었으며, 몸도 잘 움직이지 않고 반응을 하지 않았다. 9개월 된 다른 아기는 계속 머리를 흔들거나 알 수 없는 손동작을 했고, 15개월 된 한 아기는 정상적 발육이 이루어지지 않고 머리 둘레가 비정상적이었으며 생후 3개월 정도 된 아기의 몸집을 가졌다.

이러한 현상에 대해 고심하던 스피츠 박사는 휴양차 갔던 멕시코의 한 고아원에서 놀라운 사실을 발견했다. 그 고아원은 자신이 돌보는 병원보다 환경이 아주 열악했다. 비위생적이었고 아기들에게 음식을 제대로 주지도 않았다. 그러나 그곳 아기들의 건강 상태는 자신이 돌보는 병원의 아기들보다 좋았고 대부분의 아기들이 울거나 보채지도 않았으며 이상행동도 하지 않았다. 이에 고아원을 여러 달 관찰한 스피츠 박사는 자신이 돌보는 병원과 그 고아원의 차이점을 하나 더 알 수 있었다. 그것은 멕시코의 고아원에는 날마다 이웃 마을에 사는 여성들이 방문해 아기를 안아 주고, 이야기를 해 주고, 노래를 불러 주는 것이었다. 즉 이 고아원의 아기들은 자신을 찾아 주는 여성들과 살을 부비면서 특별한 친밀감을 쌓아 갔던 것이다. 스피츠 박사는 바로 이 점이 자신이 돌보는 병원의 아기들보다 멕시코 병원의 아기들이 더 건강하고 정서 발달이 더 나은 이유라 생각했던 것이다. 이에 휴가를 마치고 프랑스로 돌아온 스피츠 박사는 보모의 수를 늘려 보모들이 아기와 접촉할 수 있도록 했다. 그 결과 아기들이 더 건강하게 자라고 이상행동도 줄어들었다.

02 안정애착에 영향을 주는 어머니의 특성

왜 어떤 영아는 주 양육자에게 안정애착을 형성하고 어떤 영아는 불안애착을 형성할까? 아마도 이러한 의문은 부모가 가장 강하게 가질 것이다. 초기애착의 질 차이가 주는 결과에 대해 관심을 가졌던 사람은 볼비지만 영아-부모의 애착의 안정성에서 개인차 원인을 연구한 사람은 에인즈워스이다. 볼비가 한 애착의 안정-불안의 뿌리에 대한 생각은 주로 생애 초기 부모와 격리되었던 청소년들의 발달장애(예를 들어, 청소년 범죄)를 다루면서 조직화되었던 반면, 에인즈워스는 임상 대상이 아닌 일반 아동을 대상으로 영아-어머니 애착의 안정-불안의 결정 요인을 실증적으로 연구하고 이론화했다.

볼비의 애착이론을 확장한 에인즈워스의 업적의 핵심은 아기 때 불안애착 유대와는 달리 안정애착에는 민감하고 반응을 잘하는 양육자가 중요하다는 점이다. 에인즈워스에 의하면 아이가 안정성을 느낄 수 있도록 민감하고 반응이 풍부한 보호를 할 수 있는 양육자는 개개 영아의 특성을 이해하며, 개개 영아의 행동적 경향을 수용하며, 특히 영아가 불안해할 때 영아와 일관성 있게 또는 조화를 이루는 상호작용을 할 수 있는 사람이다. 볼비의 이론을 확장하면서 에인즈워스는 영아와 어머니의 관계 발달이 전적으로 어머니에 의해서 결정된다고 생각하지는 않았다. 그러나 영아와 어머니의 관계가 서로 동등하게 영향을 받는다고 생각하지도 않았다. 영아가 성숙하면서 어머니와의 힘 사이에 불균형이 일어남을 지적하고 있다.

앞에서 살펴본 동물의 연구나 스피츠의 연구에서 우리는 영아의 애착형성에 주 양육자인 어머니가 중요한 역할을 하며 아울러 이들과의 상호작용이 중요함을 알 수 있었다. 애착형성에 영향을 주는 어머니 변인으로는 어머니의 양육 태도, 어머니 자신의 애착을 생각할 수 있다. 먼저 어머니의 양육 태도부터 알아보자.

1 어머니의 양육 태도

볼비(1969)는 저서 《애착과 상실》에서 애착발달에 영향을 주는 선행 요인을 알아볼 필요성에 대해 시사하면서, 부모의 양육행동이 자녀의 애착발달에 중대한 영향을 끼침을 강조하고 있다. 실제로 어머니의 양육행동과 영아의 애착형성의 관계를 살펴본 사람은 에인즈워스로, 그녀는 동료들(Blehar, Waters, & Wall, 1978)과 함께 최초로 영아의 애착형성을 알아보고자 집에서 영아와 어머니의 상호작용을 관찰했다. 이 연구에서 에인즈워스는 부모의 양육 행동 중 민감성이 안정애착형성에 기여하는 중요한 요인이라 보고하고 있어 볼비(1969)의 주장을 지지하고 있다.

볼비의 동료였던 에인즈워스는 남편을 따라 우간다로 가게 되었다. 우간다에서는 어머니에게서 영아를 분리시키는 전통적인 풍습이 있었는데, 에인즈워스는 바로 이것을 연구해 보려 했다. 그런데 막상 우간다에 가 보니 그런 풍습은 사라지고 없었다. 따라서 에인즈워스는 24개월 미만의 영아를 대상으로 어머니의 양육행동과 영아의 애착행동, 분리행동을 관찰하게 되었다. 수집된 자료를 분석

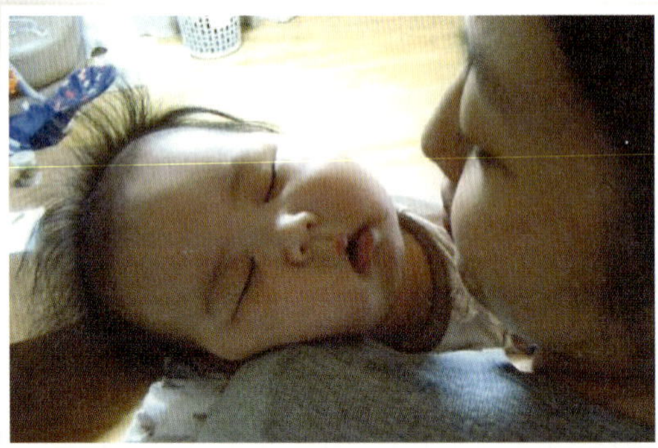

▶ 엄마의 어깨에서 편안히 잠이 든 영아

해 볼비의 생각이 옳다는 사실을 확인했고, 무엇보다 어머니의 민감성이 영아의 애착발달에 중요한 영향을 미침을 확인할 수 있었다. 에인즈워스는 영아의 신호에 대한 어머니의 섬세한 반응에 따라 애착안정성이 달라진다는 자료를 얻을 수 있었던 것이다. 우간다 연구에서 세 가지 애착유형을 관찰할 수 있었으며, 이 중 안정애착을 형성한 영아는 어머니가 있는 경우 활발하게 탐색행동을 보였으나 불안애착을 형성한 영아는 어머니가 있어도 자주 울고 탐색을 잘하지 않음을 알 수 있었다. 또한 아직 애착이 형성되지 않은 영아는 반응에서 뚜렷한 차이를 보이지 않았다. 뿐만 아니라 어머니의 민감성과 수유를 즐기는 정도가 애착 유형에 따라 차이가 있었는데 안정애착을 형성한 영아의 어머니는 영아에게 풍부한 정보를 제공해 주고 섬세한 반응을 해 주는 반면, 불안애착을 형성한 영아의 어머니는 영아의 미묘한 행동 차이에 둔감했다. 이런 우간다의 연구는 바로 '낯선 상황'이라는 실험 과정을 창출하게 했던 것이다.

에인즈워스와 동료들(1978)은 그 후 낯선 상황 연구에서 영아의 애착 유형에 따라 어머니의 양육행동에 커다란 차이점이 있음을 알 수 있었다. 이들은 어머니의 양육행동을 민감성-비민감성, 수용-거부, 혼동-간섭, 접근 가능성-무시 등으로 나누어 살펴보았다. 낯선 상황에서 안정애착으로 분류된 영아의 어머니들은 자녀에 대해 민감하고 수용적이며, 접근 가능성이 컸다. 반면 불안회피 집단의 영아 어머니들은 자녀에 대해 민감하지 않고 거부를 잘했으며 거리감이 있고 자녀를 무시했다. 불안-저항 집단의 영아 어머니들은 거부를 잘하거나 간섭을 하는 것도 아니면서 자녀에게 민감하지도 않고 거리감이 있었다.

불안-회피애착을 나타내는 영아의 어머니가 자신의 양육 태도에 대해 "솔직히 저에겐 집안일과 제 일이 우선이에요. 일을 다 마친 뒤에 아기와 놀아야겠다는 생각을 많이 했고 실제로 그렇게 했어요."[1]라고 대답하고 있다. 회피애착을 가진 아기들의 엄마는 대부분 평상시 아기의 요구를 무시하거나 짜증을 내며 야단치는 경우가 많다. 이런 경우 아기들은 엄마에게 거절당했던 기억 때문에 엄마가 자기를 안정시켜 주거나 안심시켜 줄 것이라는 믿음이나 신뢰를 갖지 못한다. 결국 이런 영아들은 엄마를 향한 애착을 포기하고 다른 곳으로 관심을 돌리며 자신도 엄마를 무시한다.[2]

그렇다면 불안-저항애착을 형성한 어머니의 양육행동은 어떠할까?

솔직하게 말하면 저는 제 기분에 맞춰 아이를 대하는 경향이 있어요. 제가 기분이 좋으면 아이가 무엇을 해 달라고 해도 잘 들어주지만 기분이 좋지 않을 때는 '너 혼자 놀아.' 라고 할 때도 있고, '어휴, 하지마. 엄마 힘들어.' 라고 제 감정을 아이한테 이입시키는 경우도 있어요.[3]

---

1)《아기성장보고서》p.444 재인용.
2)《아기성장보고서》p.44 재인용.
3)《아기성장보고서》p.445 재인용.

만약 이렇게 어머니가 자신의 기분에 따라 달리 행동한다면 아기는 어떠할까. 아기는 무척 혼란스러울 것이다. 따라서 아기도 혼란스러운 행동을 하는 것이다. 즉 엄마와 같이 있지만 엄마가 어떻게 행동할지 예측할 수 없어 불안해 엄마에게 지나치게 의존하거나 과장된 애착행동을 하는 것이다.

어느 정신분석학자가 여섯 살짜리 아이를 만나게 되었다. 이 아이의 문제 행동은 안경을 낀 사람만 보면 달려들어 안경을 빼앗아 껴 보고는 화를 내면서 던져 버리거나 발로 밟는 것이었다. 왜 아이는 그런 행동을 할까? 상담자는 아이를 상담하면서 이렇게 해석하고 있다. "아이는 어떤 때는 너무도 잘해 주다가 어떤 때는 자기에게 야단치고 소리 지르는 어머니를 도저히 이해할 수 없었다. 그래서 어머니를 이해하기 위해 다른 사람의 안경을 빼앗아 껴 본다. 그런데 안경이란 사용자의 시력에 맞추어진 것이니 정상 시력을 가진 아이가 껴 보아야 더 잘 보이지 않아 화가 나 안경을 부서뜨린다."는 것이다. 바로 아이의 어머니가 안경을 낀 사람이었고 어머니처럼 안경을 끼면 자신이 어머니를 더 잘 이해할 것이란 생각에서 나온 행동이라는 것이다.

마지막으로 불안-혼란애착을 형성한 영아의 어머니 양육행동은 어떠할까?

저는 아기 때문에 제 인생이 희생당하고 있다는 생각을 많이 했어요. 그러다 보니 아기 옆에 잘 있어 주지도 못하고, 이유식도 제대로 챙겨 주지 못했죠.

혼란애착을 형성한 영아의 어머니들은 대부분 아기 양육에 대해 두려움과 무기력함을 갖는다. 또는 아기를 신체적, 성적, 정서적으로 학대하거나 돌보지 않는다. 이러한 엄마를 가진 아기들은 엄마가 위로의 대상인지, 아니면 또 다른 불안의 대상인지 판단하지 못한다. 따라서 엄마에게 의지하고 싶어도 선뜻 다가서지 못하는 것이다. 엄마에 대한 공포와 의지하고 싶은 마음이 공존하는 것이다.[4)]

그러나 어머니의 민감성과 애착이 상관없다는 연구(박경자, 1999)가 있을 뿐 아니라 부모의 다양한 양육행동과 애착안정성의 관계를 살펴볼 필요성을 제기하는 연구(De Wolff & van IJzendoorn, 1997)도 있다. 데 볼프와 동료(De Wolff, et al., 1997)는 부모의 양육행동과 애착관계를 살펴본 66개의 연구들을 메타 분석했는데 연구자들은 어머니의 민감성이 애착발달에 단독적이며 가장 중요한 요인이라 할 수는 없다고 지적하면서, 다른 양육행동들이 영아기 이후의 유아의 애착에 어떻게 영향을 주는지 확실하지 않다고 지적하고 있다. 실제로 유아를 대상으로 애착을 살펴본 연구들(유효순, 2002; Coyl, Newland, & Freeman, 2010; George, Cummings, & Davies, 2010)의 결과를 보면 어머니의 민감성이 아니라 다른 양육행동이 애착에 중요함을 지적하고 있다. 예를 들어, 코일과 동료들(Coyle, et al., 2008)은

4) 《아기성장보고서》 p.446 18줄~p.447 4줄, 재인용.

2~5세 유아들을 대상으로 한 연구에서 부모 양육행동의 일관성이 애착안정성과 유의미한 상관성이 있었음을 보고했다. 조지와 동료들(George, et al., 2010)은 취학 전 유아를 대상으로 한 연구에서 어머니의 반응성이 애착의 안정성과 유의미한 관계가 있었다고 보고했다. 이러한 연구 결과들은 영아기를 지나 유아의 애착안정성에 어머니의 민감성이 아니라 다른 양육행동이 더 중요할 수 있음을 시사하는 것이라 볼 수 있는데, 한 연구(유효순, 2012)에 의하면 유아기에는 부모의 민감성이 아니라 자녀에게 애정을 가지고 반응을 잘 해 주며 한계를 잘 설정해 주면서 합리적 지도를 하는 경우, 유아가 어머니와 안정애착을 형성한다고 한다.

2 어머니 자신의 애착

영아의 안정애착 형성에 부모의 양육 태도가 중요함을 알 수 있었다. 이러한 어머니의 양육 태도와 밀접히 관계되는 것이 바로 어머니 자신의 애착이다. 한 연구자(Belsky, 1984)는 부모의 양육행동을 결정 짓는 것이 무엇인지 알아보고자 경로분석을 했더니 부모 자신이 어린 시절 자신의 부모와 형성한 애착표상이 이후 자녀에 대한 양육행동에 가장 많은 영향을 주는 요인임을 알 수 있었다. 이후 많은 연구들(유효순, 2012; 진미경, 2006; 채진영, 이강이, 2009; Cowan, Cohn, Cowan, & Peason, 1996; Clarkke & Dawson, 1998; Main,

Goldwyn, & Hesse, 2002)도 어머니가 자신의 부모와 안정애착표상을 할 경우 자녀에게 긍정적인 양육행동을 보인다고 보고하고 있어 부모 자신의 애착과 양육행동이 밀접히 관련됨을 지지하고 있다. 왜 그러할까? 이는 어린 시절 자신의 부모와 상호작용을 통해 형성된 자신의 실행모델인 부모를 따라 이후 자녀와의 관계에서 자신도 자기 어머니와 같은 방식으로 양육하는 것을 나타내는 것이라 볼 수 있다.

어머니의 양육행동에 영향을 주는 어머니 자신의 애착은 나아가 자녀의 애착에 영향을 준다. 안정애착을 형성한 부모들은 유아기에 경험했던 애착 관련 욕구들에 대해 편안함을 느끼기 때문에 자녀를 양육하면서 민감성을 가지고 자녀에게 반응하고 확고한 지지를 제공함으로써 자녀도 역시 안정애착을 형성할 수 있게 한다(Main, et al., 2002). 어머니의 애착이 유아의 애착에 영향을 줄 수 있음은 어머니 자신의 아동기 애착 경험이 두뇌에 자녀의 신호에 일관되게 반응하도록 회로를 발달시켜 어머니가 나중에 자녀의 신호를 어떻게 지각하고 반응할지 영향을 주는 신경적 회로를 만들기 때문이다(Shah, Fonagy, & Strathern, 2010). 즉 어려서 안정애착을 형성한 어머니들은 자신의 내적 실행모델인 부모처럼 자녀들을 양육하면서 자녀에게 잘 반응하고 확고한 지지를 제공하는 등 긍정적 양육을 함으로써 자녀들 역시 안정애착을 형성하게 하는 것이라 볼 수 있다.

어머니, 부모의 애착 유형도 크게는 안정애착과 불안애착으로 나눈다. 그러나 연구자에 따라 다소 명칭이 다른데, 한 연구자들

(George, Kaplan, & Main, 1985)은 자율형, 무시형, 몰입형, 미해결/비조직형으로 나눈다. 자율형은 안정애착을 형성한 것이고 무시형, 몰입형, 미해결/비조직형은 불안애착을 형성한 것이다. 자율형은 영아기의 안정애착과, 무시형은 영아의 회피애착과 비슷하며 몰입형은 저항애착과 비슷하다. 성인의 미해결/비조직형은 영아기의 혼란애착과 일치한다. 성인 애착면접을 통해서 분류되는 각 애착 유형에 따른 반응을 보면, 자율형의 성인은 애착의 가치를 소중히 여기며 어떤 사건이나 관계에 대해서도 객관적인 태도를 보인다. 담화 내용이 신선하며 사려 깊다. 애착과 관련된 경험을 묘사하거나 평가할 때 그 경험이 즐거운 것이었든, 아니었든 일관되게 묘사한다.

무시형의 성인은 애착과 관련된 경험이나 관계를 의미 없는 것으로 평가하고 그 가치를 무시하는 모습을 보인다. 부모나 부모와의 관계를 보통이나 보통 이상으로 이상화(idealization)해서 묘사하지만 그러한 이상적 관계를 지지하는 경험을 이야기하지 못하고 오히려 정반대되는 경험을 나열하기도 한다. 또 무시형의 성인 중에는 어린 시절 애착 관련 경험을 기억하지 못한다거나 아주 짧게 대답해서 자주 대화를 차단하나, 애착이 아닌 다른 주제를 이야기할 때는 아주 또렷이 기억해 이야기를 잘하고 있어 애착 관련 경험을 기억하지 못하는 것이 아님을 드러내는 경우도 있다.

몰입형으로 분류되는 성인은 애착과 관련된 경험이나 관계에 지나치게 몰입해 있다. 이 중 일부는 분노에 찬 몰입을 보이고 일부는 수동적인 몰입을 보이기도 한다. 그래서 담화 내용이 주제를 벗어나 길어지거나 뜻이 불분명한 말을 하기도 한다.

미해결/비조직형의 성인은 중요한 타인의 죽음이나 부모로부터 받은 신체적, 성적 학대와 같은 특정 외상 경험에 대해서 정서적 해결을 이루지 못한 경우가 종종 있다. 따라서 이들은 애착 대상의 상실이나 부모로부터 받은 학대에 대해서 이야기하는 도중 담화 내용이나 추론 과정에서 눈에 띄는 실수를 저지른다.

한편, 다른 학자들(Hazen & Shaver, 1987; Bartholomew & Horowitz, 1990)은 안정애착과 불안애착 유형으로 나누면서 불안애착을 거부, 몰입, 두려움으로 나누고 있다. 연구자들은 성인의 애착을 자신과 타인의 관계를 긍정, 부정의 두 차원에서 살펴보고 있다. 안정애착 유형의 성인은 자신과 타인에 대해 긍정적 모델을 가지고 있는 사람이다. 즉 자신에 대해서나 타인에 대해 긍정적으로 생각하는 사람들이다. 따라서 이들은 자신이나 타인에 대해 확신이 있으며 타

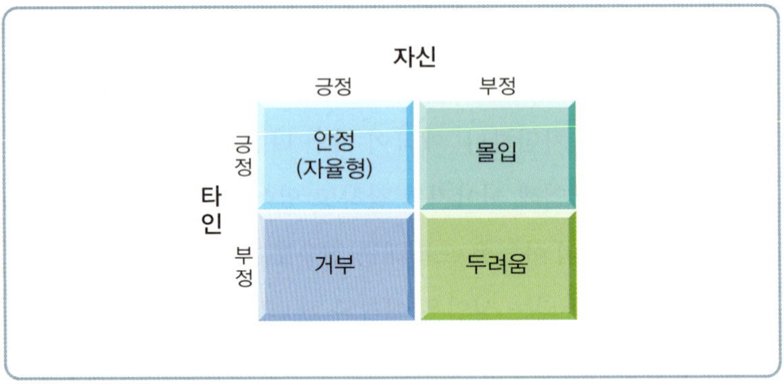

▶ 성인 애착 유형

인과의 친밀한 관계 형성에 편안함을 갖는다. 거부형의 애착을 형성한 성인은 긍정적 자아모델을 가지나 부정적인 타인 모델을 갖는 사람이다. 이들은 친밀한 대인관계 형성을 회피한다. 몰입과 두려움 애착을 형성한 사람들은 부정적 자아모델을 갖는 사람으로, 이들은 거부나 방임에 대해 끊임없이 불안해하는 사람들이다. 이중 몰입형의 애착을 형성한 사람들은 타인에 대해서는 긍정적 모델을 갖는 반면 두려움 애착을 형성한 사람들은 타인에 대해 부정적 모델을 형성한 사람들이다.

애착이론에서 중심이 되는 가정은, 부모들의 아동기 애착 경험에 대한 정신적 표상은 자녀와의 애착관계의 질에 강력히 영향을 준다는 것이다. 즉 어머니의 아동기 애착을 어떻게 나누든 어머니의 애착은 자녀에게 세대 간 전이가 되는 것으로 알려져 있다. 왜 그럴까? 어머니는 어려서 경험한 부모의 양육행동을 자기 자녀에게 반복하는 경향이 있음이 지지되고 있다(Bowlby, 1973, 전효정, 2003). 성인들은 자기 원부모들과의 아동기 경험을 통해 견고한 마음의 상태를 형성하게 되는데, 이러한 애착에 대한 정신적 표상이 자녀들의 애착신호에 대한 어머니의 반응 정도에 영향을 주고 이것이 자녀와의 애착관계에 영향을 주기 때문이다.

애착연구가들(Main, Goldwyn, Hesse, 2002)에 의하면 안정형으로 분류된 부모들은 아동기 경험했던 애착 관련 욕구들에 관해 편안함을 느끼기 때문에 자녀들을 양육하면서 민감성을 가지고 자녀들에게 반응하고 확고한 지지를 제공함으로써 자녀들 역시 안정애착을 형성한다. 부모가 유아기 때 어머니와 안정애착 경험이 높을수록 자녀 양육에 일관된 반응을 보이고 거부하는 태도가 낮았다. 반면 거부형으로 분류된 부모들은 자녀를 양육하면서 아동기 동안 채워지지 않았던 애착 관련 욕구들을 재경험하는 스트레스에서 벗어나고자 자녀들의 신호에 적절히 반응하지 않고 거부하거나 무시하는 양육행동을 보인다. 거부형 애착 경험이 높을수록 반응이 낮고 거부하는 태도가 높았다. 이러한 경향은 그들의 자녀들 역시 거부의 전략을 가지고 회피애착관계를 형성하게 한다. 몰입형으로 분류되는 부모들은 자신의 욕구에 몰입되어 있어 자녀와의 상호작용에서 자녀들의 애착욕구에 일관성 있게 반응하지 못하고 따라서 자녀들 역시 저항애착을 형성할 것이라 논하고 있다.

실제로 부모의 애착표상과 양육행동의 관계에 관한 여러 연구들을 살펴보면 안정애착 어머니들은 자녀에게 더 따뜻하게 대하고 지지를 해 주며 문제해결 상황에서 자녀에게 도움을 주었다. 거부형의 어머니들은 자녀에게 도움을 덜 주었으며 자녀를 덜 지지해 주었고 냉정하게 대하고 통제적이었다. 한편 몰입형의 어머니들은 도움을 주거나 지지를 해 주는 데 일관성이 없었고 혼동스러운 지침을 제시했다.

이렇게 어머니의 어릴 적 애착 경험이 자신의 양육행동에 직접 영향을 주는 것은, 보통 어머니의 심리적 기능을 매개체로 해서 일어난다. 예를 들어 어머니의 애착유형이 불안애착 중 무시형일 경우에는 우울을 매개로 온정적이고 반응적인 양육행동이 낮게 나타났다.

반면 몰입형일 경우 분노를 매개로 양육행동이 영향을 받았다.

3 어머니의 결혼관계와 애착

영아기와 걸음마기 때 부모의 사이가 어머니의 양육 태도에 영향을 주어, 자녀의 안정애착을 예측할 수 있게 함은 여러 연구자들(Tarabulsy, Bernier, Provost, Maranda, Larose, Moss, et. al., 2005; Tomlinson, Cooper, & Murray, 2005)이 지지하는 바이다. 결혼한 부부의 기능과 영아와 부모의 애착안정도의 관계에 관해서는 부모의 결혼관계가 직접 영향을 준다는 주장과 다른 요인의 중재를 통해 애착에 영향을 준다는 주장이 있다. 직접 영향을 준다는 주장에 따르면 부모의 결혼관계가 좋은 가정에서 자란 아동은 부모가 행복하지 않은 가정에서 자란 아동보다 안정애착을 형성할 가능성이 높다. 실제로 미국, 일본, 아프리카 등 여러 문화권의 연구 결과를 살펴보면 이런 주장을 지지하며, 아버지가 어머니를 신체적으로 학대하는 가정의 영아는 어머니에게 불안애착을 형성했다.

아동을 여러 해 동안 관찰하고 연구하는 몇몇 종단적 연구들에서도 중요한 결과를 제시하고 있는데, 한 연구(Howes & Markman, 1989)에서는 결혼만족도가 높고 부부간 갈등이 적을수록 1~3세 사이 영아의 안정애착 정도가 높았다. 다른 연구(Teti et al., 1995)에서는 동생이 태어나기 전 어머니의 결혼생활의 조화도가 높을수록 임신 말기부터 동생이 태어나 두 달까지는 첫째 아이의 애착안정도가 높았다. 다른 연구에서는 어머니의 결혼생활에 갈등이 많을수록 영아가 아버지와 안정애착을 덜 형성했으며 비조직애착을 엄마와 형성할 가능성이 높았다.

이와 같이 문화 간 비교연구나 종단적 연구들이 어머니의 결혼만족도가 자녀의 애착에 중요한 영향을 준다고 지지하고 있으나 일부의 연구들에서는 부모의 결혼관계 질이 영아-부모의 애착안정도와 의미 있는 관계가 있다는 것을 지지하지 않는다는 점을 유의해야 한다. 예를 들어 남편의 직장 문제로 미국에 거주하는 일본 어머니들을 대상으로 한 연구(Nakasawa, Teti, & Lamb, 1992)에서는 어머니의 결혼생활의 질이 높아도 자녀의 안정애착도와 상관이 적었다. 그러나 한 연구자(Isabella, 1994)는 결혼만족도와 영아의 애착안정도 사이에서 직접적인 관계를 찾지는 못했으나 어머니의 역할만족도의 중재로 간접 영향이 있는 것으로 나타났다고 보고하고 있다. 이는 어머니의 결혼만족도가 직접적으로 영아의 애착에 영향을 주지는 않았으나 결혼만족도가 어머니의 역할에 영향을 주었고 이것이 영아의 애착에 영향을 간접적으로 주었음을 의미하는 것이다.

다른 연구자(Das Eiden, Teti, & Corns, 1993)들은 어머니의 결혼관계의 질이 높을수록 영아의 애착안정도와 높게 관련되었으며 이러한 결과는 특히 어머니가 성인애착척도에서 불안애착으로 분류된 경우에 나타났다고 지적하고 있다. 이러한 결과는 문제가 있는 어머니의 경우 자신을 지지해 주는 관계가 많을수록 어머니의 역할을 더 잘한다는 연구들과 일맥상통하는 것이며, 또한 영아의 애착을 완전히 이해하기 위해서는 어머니 자신만이 아니라 어머니와 가족에 대한 부가적 정보를 알 수 있어야 함을 시사하는 것이라 볼 수 있다.

제6장

기질과 애착

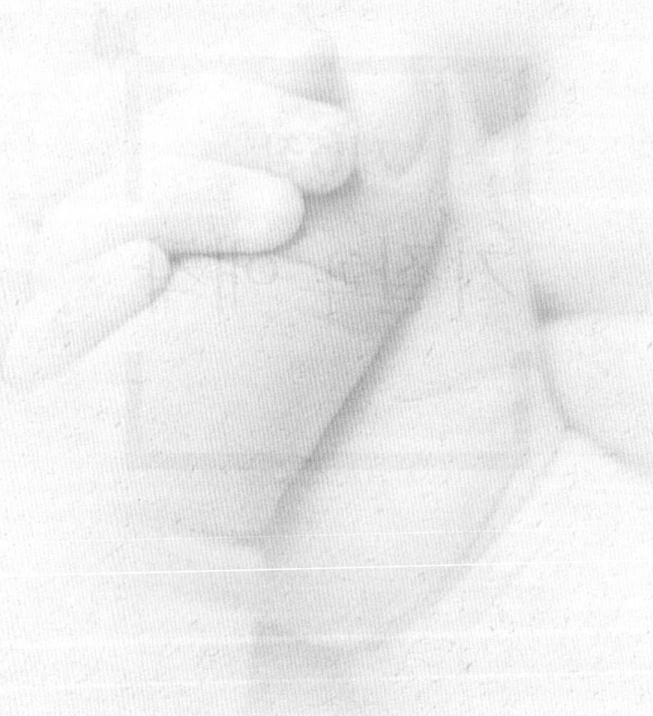

01 기질이란

1 기질의 특성

태어난 지 얼마 안 된 신생아를 꽁꽁 싸지 않고 팔다리를 풀어 주면 마구 흔들어 댄다. 배냇저고리를 입고 흔들어 대는 모습이 마치 탈춤을 추는 듯하다. 그러나 영아들을 자세히 관찰해 보면 어떤 영아는 매우 활동적이어서 팔다리를 계속 움직이는 반면, 어떤 영아는 아주 조용히 있다. 또 어떤 영아는 눈을 뜨면 주변을 열심히 탐색하는 듯한 반면 그렇지 않은 영아가 있고, 주변 사람들에게 따뜻하게 반응하는 영아가 있는 반면 썩 기분이 좋지 않은 듯 반응하는 영아도 있다. 이러한 모든 행동 유형이 바로 영아의 기질(temperament)을 나타난다.

기질이란 한 개인의 행동 유형과 반응의 특성이라고 정의한다. 기질 연구의 효시자로 볼 수 있는 토머스, 체스, 버치(Thomas, Chess, Birch, 1968)는 오랫동안 아동기의 바람직하지 않은 행동의 원인이 되는 '나쁜 부모'라는 견해에 대해 알아보고자 했으며 때로 어떤 아동은 다른 아동보다 좋은 부모가 되기 매우 어렵다는 사실을

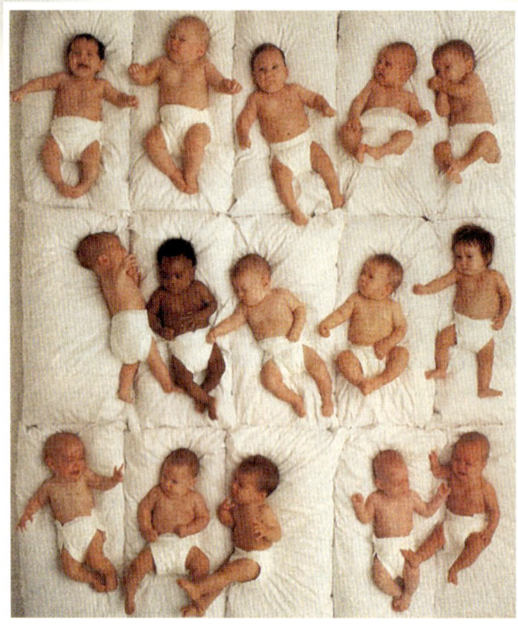

출처: Santrock, J. W. (2004). p. 365.

설명해 보고자 했다. 이들은 기질을 활동 수준, 기분, 새로운 경험에의 접근 등 9개의 행동 유형으로 정의했다. 그러나 또한 기질은 생물학적으로 결정되는 성격의 한 요소라고도 정의된다. 예를 들어 매릴린 케이건(Marilyn Kagan, 1994)은 기질을 아동기에 나타나는 비교적 안정적인 정서적, 행동적 질을 구별해주는 것으로, 생물학적 유전에 영향을 받는 것이라 정의한다.

아마도 누구나 자녀가 어느 정도 활동적이면서 주위 환경에 대해 호기심이 있으며 주변 사람들에게 따뜻하게 대해 주기를 바랄 것이다. 그렇다면 그러한 기질은 선천적으로 결정되는가 또는 후천적 경험으로 형성되는가? 어려서 보였던 기질적 행동이 커서도 변하지 않고 같게 나타날까?

기질에 대한 연구들을 보면 영아들의 기질적 행동 유형의 차이는 비교적 일찍 나타난다. 뿐만 아니라 이란성 쌍둥이보다 일란성 쌍둥이의 기질이 서로 더 비슷하다는 사실은 기질이 선천적으로 타고나는 것임을 지지하는 것이다. 그러나 아동의 기질 형성에 환경이 강력한 영향을 준다는 주장을 하는 사람도 있다. 일반적으로 기질이 생물학적으로 타고나는 것이나 환경의 영향을 무시할 수 없다는 견해가 받아들여지고 있다.

기질의 안정성에 대한 결론 또한 내리기가 쉽지 않다. 예를 들어 심하게 낯가림을 하던 영아가 유아기에 또래와의 관계에서도 거부 반응을 보이는가에 대해서는 명확한 결론을 내리기 어렵다. 기질이 생물학적으로 사전 결정된 것이라면 변화는 어렵다. 그러나 관찰되는 기질의 행동적 특성은 경험의 영향을 받는다. 기질이 선천적으로 결정된다고 믿는 학자들은 아동의 성장과정에 기질이 일관성 있게 안정적으로 나타난다고 주장한다. 예를 들어 공포반응이나 활동 수준은 대단히 안정적인 것으로 알려져 있다. 그러나 부모의 양육 태도와 같은 지속적인 환경의 영향력에 의해 기질의 변화가 일어날 수 있다고 보고되고 있다.

2 기질유형

앞에서도 언급한 바와 같이 영아가 보이는 기질적 행동 특성은 영아마다 다르다. 그렇다면 영아의 기질은 어떻게 나누어지나? 아동기질 분류에서 가장 오래된 연구는 뉴욕 종단적 연구(Thoma & Chess, 1971, 1991)이다. 연구자들은 영아 기질을 몇 개의 범주로 나누어 이러한 범주와 이후 아동의 사회정서발달과의 관계를 알아보고자 했다. 이들은 영아와 부모의 집중 면담 뒤에 영아의 반응도를 평가하는 9개의 행동차원, 아기의 생리적 기능이나 행동의 규칙성, 활동 수준, 새로운 자극에 대한 접근 또는 회피의 정도, 적응력, 영아의 반응을 끌어내는 데 필요한 자극의 역치, 영아의 긍정, 혹은 부정적 반응의 강도, 일반적 정서 상태, 주의산만이나 주의집중과 지구력을 정했다. 이러한 행동차원을 토대로 연구자들은 영아의 행동기질은 다루기 쉬운 영아, 다루기 어려운 영아, 그리고 느린 영아 세 유형으로 나누었다.

다루기 쉬운 영아(easy infant)는 일반적으로 긍정적 기분을 보이며, 모든 일상생활이 빨리 규칙적으로 되고, 새로운 경험에 쉽게 적응한다. 이들은 일반적으로 긍정적이며 행복한 기분을 나타낸다. 또 새로운 사물이나 사람에게 쉽게 접근하며, 반응의 강도가 약하거나 중간 정도이다. 영아들 중 약 40%가 바로 다루기 쉬운 영아들이다.

▶ 웃고 있는 영아, 울고 있는 영아

다루기 어려운 영아(difficult infant)는 다루기 쉬운 영아와 정반대의 특성을 보였다. 이들은 부정적으로 반응하는 경향이 있고, 자주 울며, 일상생활이 불규칙적이고, 새로운 경험에 대한 적응이 늦다. 이러한 영아들은 일반적으로 약 10%가 된다.

마지막으로 느린 영아(slow to warm up infant)는 환경 변화에 적응을 잘하지 못하고, 친숙하지 않은 사람이나 사물로부터 위축되는 경향을 보였다. 이들은 활동 수준은 낮고 비교적 부정적이며 적응도도 낮고, 기분 표현도 약했다. 이러한 아동은 전체의 약 15%에 해당된다. 나머지 35%의 영아는 위의 세 범주 어디에도 속하지 않는 영아로, 이들은 9개의 기질차원 모두에서 높게 평정되지 않았다.

종단적 연구 결과에 의하면 이러한 영아의 기질적 특성은 아동기 동안 비교적 안정되게 지속되었다. 기질 행동차원에 따른 영아의 기질 유형의 특성을 나타낸 것이 다음 표이다.

기질 행동차원에 따른 영아의 기질 유형의 특성

행동차원	특성	다루기 쉬운 영아	다루기 어려운 영아	느린 영아
규칙	먹기, 잠자기, 대소변 보기	규칙적	불규칙적	
활동 수준	에너지 운동량		높음	낮음
접근-회피	낯선 사람이나 상황에 쉽게 접근	긍정적	부정적	부정적
적응	주변의 변화에 쉽게 적응	긍정적	부정적	부정적
감각 역치	반응에 필요한 자극량			
우세한 감정	긍정적, 부정적 감정	긍정적	부정적	
감정 표현의 정도	기쁨, 행복, 슬픔 등 감정의 정도	중간 이하	높음	낮음
주의력	주의, 혼란의 정도			
지구력	활동을 계속하려는 의지			

출처: 유효순(2011). p. 251.

또 다른 연구자들(Buss & Plomin, 1987)은 기질이 서로 다른 구성요소로 이루어져 있다고 주장한다. 이들에 의하면 영아의 기질은 감정, 사교성, 활동 수준 세 요소로 나눌 수 있다. 감정은 불안을 느끼는 경향이다. 이것은 개인의 특정 신경체계의 각성을 나타내는 것으로 버스와 플로민(Buss & Plomin)은 정서 차원의 차이는 영아의 신경조직에 선천적 차이를 나타낸다고 보았다. 따라서 어떤 아기는 다른 아기보다 쉽게 각성이 되나 어떤 아기는 그렇지 않다. 생후 몇 달 동안 아기가 나타내는 정서는 주로 일상생활에서 고통의 반응을 그대로 나타내는 것이다. 생후 1년의 후반에 들어서면서 정서는 두려움 또는 화를 포함하기 시작한다. 그러나 어떠한 행동 유형이 발달하느냐는 영아의 환경과 경험에 따라 결정된다. 버스와 플로민은 다루기 쉬운 영아, 어려운 영아라는 것이 바로 이 감정에 기반을 두고 명명된 것이라고 주장한다.

활동 수준은 영아의 활동 속도와 사용 에너지를 의미한다. 활동 차원에서 높게 나타난 아기는 쉴 새 없이 움직이며 새로운 장소를 탐색하고 종종 거친 행동을 한다. 여기에서는 영아가 무엇을 하기 좋아하는가가 아니라 얼마나 빨리, 자주 하느냐를 의미한다.

사교성이란 다른 사람과 같이 있기를 좋아하며 타인에게 따뜻하게 반응하는 것을 말한다. 사교성이 높은 영아는 혼자 있는 것을 좋아하지 않으며 남과 상호작용 또는 접촉을 시도한다. 여기서 측정하고자 하는 것은 영아가 사물이 아니라 사람이 주는 자극을 얼마나 좋아하느냐이다. 즉 낯선 이에 대한 영아의 반응으로도 명백히 평가될 수 있는 것이다.

3 기질과 문제행동

영아의 기질은 후에 문제행동과 관련되는 것으로 지적된다. 앞에서도 언급한 바와 같이 다루기 어려운 영아는 전체 영아의 약 10%이지만 이 중 약 79%가 성장 후에 문제행동을 보이는 반면 다루기 쉬운 영아는 약 18%만이 문제를 보였다. 왜 다루기 어려운 기질이 문제행동을 일으키는가? 영아의 기질과 부모의 양육은 어떤 관계에 있는가? 이러한 질문에 명쾌하게 답하기는 쉽지 않지만 한 아기의 행동 유형이 부모의 양육 태도와 맞지 않을 때에는 문제행동이 일어날 가능성이 높다. 실제로 자녀의 기질에 대한 부모의 태도를 살펴보면 다루기 어려운 자녀를 둔 부모들은 자녀 때문에 혼란스럽고 화가 나고 우울하고 자녀에게 부정적으로 반응하게 된다고 이야기한다.

즉 다루기 어려운 기질을 가진 자녀의 부모는 그러한 자녀의 기질에 대해 긍정적인 방법으로 반응하지 못해 부모-자녀 간에 문제를 일으켜 궁극적으로 아동이 문제행동을 한다는 것이다. 이러한 설명은 자녀의 기질에 대해 부모가 어떻게 생각하느냐와 관련된 조화적 합성으로 설명이 된다. 즉 부모가 자녀의 기질을 어떻게 보느냐가 중요하다는 것이다. 예를 들어 어린이집에 가서 좌충우돌하면서 또래들에게 집적거리는 자녀가 씩씩하며 도전적이라고 긍정적으로 해석하는 부모가 있는 반면, 어떤 부모는 그런 자녀를 부정적으로 보기도 한다. 긍정적으로 생각하는 부모는 영아에게 자연히 긍정적이고 활동적인 대응을 하게 되며 가끔 지치기는 하지만 전체적으로 자녀를 즐겨 돌보게 된다.

또 다른 가능한 설명은 자녀의 기질보다는 부모 자신의 시각 문제라 설명하기도 한다. 몇몇 연구들을 보면 다루기 어려운 자녀를 둔 부모들은 자녀의 기질적 특성보다는 자신의 양육 태도나 기대로 인해 자녀가 문제행동을 보인다고 생각했다. 또 다른 연구에서는 다루기 어려운 영아의 기질에 대한 어머니의 인식은 어머니 자신의 자기효능감과 크게 관련이 있는 것으로 나타났다.

그렇다면 자녀의 기질에 대해 어떻게 대응해야 할까? 한 연구자들(Sanson & Rothbart, 1995)은 영아의 기질에 따른 부모의 양육에 대해 다음과 같이 이야기하고 있다.

첫째, 영아의 개성에 관심을 보이고 존중하라. 영아의 개성을 존중하는 양육이란 부모가 영아에 대해 민감하고 융통성이 있다는 뜻이다. 부모는 영아의 욕구나 영아가 보내는 신호에 민감할 필요가 있다. 영아의 기질에 따라 어떤 영아에게는 이런 방법으로, 또 어떤 영아에게는 다른 방법으로 양육해야 한다. 부모는 모든 영아를 획일적으로 대하지 말고 각 영아의 기질을 존중해 주어야 한다.

▶ 무언가 마음에 들지 않아 울고 있는 영아

둘째, 영아의 환경을 구조화해 주어라. 다루기 어려운 영아에게 사람이 많고 시끄러운 환경은 다루기 쉬운 영아보다 더 많은 문제 행동을 하게 한다. 또 두려움을 많이 느끼는 영아, 위축된 영아는 새로운 상황에 서서히 노출되는 것이 좋다. 느린 영아는 새로운 환경에 쉽게 적응하지 못한다. 따라서 아무리 영아에게 흥미로운 환경이라 하더라도 다른 영아처럼 바로 적응하지 못하고 맴돌게 된다. 이런 자녀를 둔 어머니는 서두르지 말고 영아가 새로운 환경을 탐색할 수 있는 시간을 주어야 한다.

02 기질과 애착

1 기질이론과 애착이론의 견해차

1) 반복적 경험 대 영아의 특성

기질이론가들과 애착이론가들은 아동과 부모의 상호관계는 기질과 같은 아동의 특성, 부모의 특성, 가족 맥락이나 문화적 기대와 같은 외부 환경의 영향, 그리고 이러한 요인들의 상호작용 효과에 영향을 받을 수 있다는 점에 동의한다. 애착에 초점을 두어 볼 때 애착이론가들도 기질의 역할을 인정하며 기질이론가들도 양육 경험의 영향을 인정한다. 그러나 이 두 이론가들은 애착유형을 알아보고자 하는 실험 상황인 낯선 상황에서 한 행동의 의미에 대해 서로 다른 의견을 제시하고 있다.

애착이론가들은 낯선 상황에서 하는 행동은 영아의 애착욕구에 대한 양육자의 반응을 영아가 반복적으로 경험함으로써 나타나는 행동이라고 본다. 그러나 기질론자(Chess & Thomas, 1982; Kagan, 1994)들은 낯선 상황에서 영아가 하는 행동은 단순히 영아의 특성을 반영하는 것이라 주장한다. 영아마다 스트레스를 느끼는 정도나 반응 유형과 스트레스를 극복하는 능력이 다른데, 관찰자는 낯선 상황에서 이러한 영아의 기질적 특성을 살피고 있다는 것이다.

예를 들어 불안-회피애착 아동이라 분류된 영아는 스트레스 상황에서 별로 불안을 느끼지 않아 엄마와 재결합 시 엄마와 접촉을 추구하지 않을 뿐이라는 것이다. 반면 불안-저항애착 영아라 분류된 영아는 스트레스 상황에서 극도로 불안을 느끼며 엄마가 돌아왔을 때 안정되는 데 많은 시간이 걸리기 때문에 엄마가 위로하려 할 때 이에 저항하는 듯 보인다는 것이다. 즉 기질이론가들의 주장은 낯선 상황에서 영아가 하는 행동은 양육자와의 경험에서 나온 것이라기보다는 영아의 특성, 특히 스트레스에 대한 영아의 대처능력(proneness)을 나타내는 것으로 본다.

그렇다면 어느 주장이 맞는 것일까? 애착에 관한 초기 연구에서는 기질과 낯선 상황에서 영아의 행동이 조직적으로 관련된다는 증거는 많지 않다. 그러나 낯선 상황에서 단순히 영아의 스트레스에 대한 반응을 측정하는 것이 아니라는 점은 낯선 상황에 영아가 있는 동안과 낯선 상황 실험 후 영아의 생리적 반응에서 나타난다. 예를 들어 회피애착 영아의 경우 낯선 상황에서 이들이 뚜렷하게 불안을 느끼지 않는 것같이 보이나 심장박동이나 코티졸 수준을 보면 이들이 적어도 다른 영아들처럼 생리적으로 각성되었음을 나타낸다는 것이다(Spangler & Grossmann, 1993). 따라서 애착유형을 구분해 주는 것은 스트레스가 아니라 영아가 어떻게 그것을 다루는가이며 나아가 영아가 스트레스에 대처하는 데 양육자를 사용하는 전략이라는 것이다. 그러나 기질 이론가들은 낯선 상황에서 보이는 영아의 행동을 스트레스에 대처하는 영아의 패러다임으로 보는 점에 대해 반대한다.

나아가 애착이론가들은 애착을 측정하기 위한 가정에서 영아를 관찰해 생후 1년쯤 애착유형을 분류한 경우를 보면, 가정에서 영아가 하는 행동보다 가정에서 어머니가 하는 행동으로 낯선 상황에서 영아의 행동을 더 잘 예측할 수 있었다고 주장한다. 그러나 기질이론가들은 어머니의 행동은 애착이론에서 주장하는 것보다 훨씬 영향력이 약하며 영아의 특성과 행동이 다른 연구에서는 더 예측력이 있었다고 주장한다.

에인즈워스와 동료들(Ainsworth et al., 1978)의 연구를 여기에서 한번 살펴볼 필요가 있다. 에인즈워스는 출생 초 3개월 동안과 9개월에서 12개월까지 3개월 동안 가정에서 영아의 행동을 관찰했는데, 이 행동들이 후에 애착유형 분류와 관련이 있었다고 보고했다. 후에 안정애착으로 분류된 영아들은 출생 초 3개월 동안의 관찰을 보면 다른 영아보다 우는 것이 적었고 자주 울지 않았으며 안아 주거나 내려놓을 때 더 긍정적 반응을 보였다. 엄마와 면대면 상호작용에서는 웃음이나 옹알이에는 애착유형 간 차이가 없었으나 후에 안정애착 영아로 분류된 영아는 엄마를 무시하지 않았으며 엄마와의 상호작용을 끝내는 데 좀 더 주도권을 지녔다.

9개월에서 12개월 사이의 관찰을 보면 후에 안정애착 영아로 분류된 영아들은 다른 영아들보다 가정에서 덜 울었으며 접촉의 주도권을 더 가졌고 엄마의 요구에 더 응했으며 화를 덜 냈다. 에인즈워스와 동료들은 이러한 자료는 영아가 애착에 영향을 준 것이라기보다는 영아와 엄마의 관계의 일관성을 나타내는 것이라 해석했다. 물론 이 자료를 보면 애착이론가들의 주장처럼 영아의 행동이 양육의 경험을 반영하는 것이라 해석할 수도 있으나, 한편 기질론자들처럼 이를 영아의 특성이 애착에 영향을 준 것이라는 증거라 해석할 수도 있다

이러한 혼란을 풀기 위해 비교적 사회 경험이 적은 신생아를 대상으로 한 연구를 살펴볼 필요가 있다. 한 연구(Waters, Vaughn, & Egeland, 1980)에서는 신생아의 행동을 측정하고 후에 낯선 상황에서 애착유형을 살펴보았는데 불안-저항애착 영아로 분류된 아기들

은 안정애착 영아로 분류된 영아들보다 생후 7일째의 관찰을 보면 신체운동이 미숙했으며 지향행동을 잘 하지 못했고 각성 통제능력이 부족했다. 또 다른 연구(Calkins & Fox, 1992)에서는 후에 불안애착 영아로 분류된 신생아는 안정애착 영아로 분류된 영아들보다 젖을 먹는 것이 중단될 경우 더 강하고 지속적인 불안을 보였다고 한다. 또 다른 연구들에서는 나중에 불안애착 영아로 분류된 신생아의 경우 출생 초 48시간 내의 관찰을 보면 후에 안정애착 영아로 분류된 아기들보다 더 많이 울었으며 간호사들이 돌보기 어려운 신생아로 평가했음을 알 수 있었다. 이러한 연구 결과들은 기질이론가들의 주장을 지지해 주는 것이다.

그러나 기질론자들과 애착이론가들의 주장 중 어느 하나를 택하는 것이 쉽지 않음을 시사하는 연구도 있다. 한 연구(Crockenberg, 1981)에서는 애착의 예언 변인으로 영아의 민감성(민감한 신생아와 민감하지 않은 신생아), 신생아가 어려움에 처했을 때 어머니의 반응과 사회적 지지를 살펴보았다. 결과를 보면 신생아의 민감성이나 어머니의 반응은 단독으로는 애착의 예언 변인이 되지 못했다. 그러나 어머니의 반응과 사회적 지지, 예를 들어 사회적 지지가 적은 경우 어머니의 반응성은 신생아의 안정애착에 유의미한 영향을 주는 것으로 나타났다. 아울러 사회적 지지가 낮은 경우 민감한 신생아 집단에서 불안애착이 관련됨을 알 수 있었다. 이러한 결과는 순수 애착이론이나 순수 기질론을 지지하지 않으며 애착안정성을 결정하는 것은 좀 더 복잡함을 시사하는 것이다.

2) 개인적 특성/양방적 특성

애착이론가들은 애착은 개인적 특성이면서 또한 양방적 특성이라는 견해를 내놓는다. 그러나 애착이론가와 기질론자들의 논쟁에 의하면 애착이론가들은 양방적 특성에 초점을 두나 기질론자들은 개인적 특성이라고 강조한다.

만약 애착이 개인적 특성이라면 영아는 다양한 양육자에게 같은 유형의 행동을 보여야 한다. 만약 애착이 양방적 특성을 갖는다면 영아는 서로 다른 양육자에게 다른 패턴의 애착행동을 보여야 한다. 영아는 아버지와 어머니 그리고 전문보호자에게 다른 애착행동을 보인다. 그러나 서로 다른 보호자에게 보이는 애착행동에 상당한 정도 일치점이 있음도 확실하다. 이는 기질론자의 주장을 지지하는 것이다.

애착유형의 일치에 대한 또 다른 연구들이 바로 쌍둥이 연구이다. 일란성쌍둥이는 서로 유전인자가 똑같은 경우이고 이란성쌍둥이는 유전인자가 같지는 않다. 만약 일란성쌍둥이가 이란성쌍둥이보다 애착유형의 일치도가 높다면 이는 애착이 유전에 영향 받는다는 것을 지지하는 것이다. 이는 생물학적으로 부여된 영아의 특성이 애착에 영향을 준다는 주장을 지지하는 것이다. 또한 애착이 한 세대에서 다음 세대로 전이될 수 있음을 시사한다.

한 연구(Finkel & Matheny, 1998)에 의하면 안정, 회피, 저항애착유형의 분류가 일란성쌍둥이의 경우 일치도가 67.6%이나 이란성쌍둥이는 38.5%였으며 이러한 차이는 유의미한 것이었다. 반면 불안

수준이 높은 집단과 낮은 집단으로 나누어 본 경우 일란성쌍둥이의 경우는 일치도가 73.5%였으나 이란성쌍둥이의 경우 53.9%였으며 유의미한 차이가 아니었다. 이는 애착안정성이 기질과 관련 있다는 것보다는 유전적 요인이 기여함을 지지하는 것이다. 연구자들은 24개월 된 일란성쌍둥이 99쌍과 이란성쌍둥이 108쌍을 더 분석했는데 안정, 회피, 저항애착유형 분류의 일치도가 일란성쌍둥이의 경우 62.6%였고 이란성쌍둥이의 경우는 44.4%였다. 흥미로운 것은 일란성쌍둥이의 남아에게서 뚜렷한 일치도의 차이가 나타났다는 점이다.

3) 이론적 통합

애착은 불안과 그러한 상황에서 하는 표현이 핵심 역할을 하는 구조이다. 따라서 불안을 나타내는 영아의 기질적 특성이 양육자와의 상호작용과 관련된 애착에 영향을 줄 수 있을 것이라는 생각은 놀라운 것이 아니다. 여러 연구 결과들을 보면 영아의 기질적 특성과 양육자가 모두 애착에 직간접적 영향을 줌을 지지하고 있다. 따라서 기질과 양육자가 애착에 영향을 주는가 아닌가에 대한 논쟁보다 이 두 요소가 애착발달에 어떻게 상호작용을 하는가에 대해 살펴볼 필요가 있다.

이에 대해 스러프(Sroufe, 1985)는 기질과 애착은 별개의 구조로 이들 구조가 어떻게 관련되는가를 다음과 같이 지적한다.

첫째, 애착과 기질은 직교한다. 애착과 기질은 분석에서 서로 다른 수준을 나타낸다. 어머니의 양육은 애착유형을 결정하는 데 주요 역할을 하는 반면, 기질은 특정 부모–자녀 관계를 나타내는 주요 범주의 하위 집단을 결정하는 데 결정적 역할을 한다.

둘째, 애착의 안정도는 어머니의 양육에 따라 결정되나 기질은 불안애착이 어떻게 표현되는가를 결정한다.

셋째, 기질은 양육자가 직면하는 행동을 결정하게 한다. 그러나 이러한 초기 행동적 경향은 제공된 양육 형태에 따라 변형될 수 있다.

넷째, 기질이 적절한 양육의 속성을 결정할 수 있다. 여기에서 적절하다는 것은 아동의 욕구에 맞는다는 뜻이다. 어느 특정 영아를 위한 반응적 양육이란 다른 영아에게도 반응적일 필요가 있다는 뜻은 아니다(Seifer et al., 1996).

다섯째, 기질이 각 영아가 양육의 특정한 측면을 경험하는 방식에 영향을 준다(Thompson, 1998). 따라서 다루기 어려운 영아와 비교적 다루기 쉬운 영아는 같은 도움을 각각 다르게 해석할 수도 있다. 따라서 다루기 어려운 영아는 도움이 안 된다고 해석하는 반면, 다루기 쉬운 영아는 자신에게 위로가 되는 것으로 해석할 수 있다. 쉽게 동요하는 영아는 그렇지 않은 영아보다 양육자의 위로를 경험할 기회가 더 많을 것이다. 따라서 불안의 표현 효과에 대해 다른 기대를 갖게 될 수도 있다.

또 다른 가능성을 생각해 볼 수도 있다. 여기에서는 기질이 부모의 양육 차이에 따라 영아가 얼마나 영향을 받는가에 영향을 줄 수 있다는 것이다. 만약 그렇다면 어떤 영아는 양육이 정상 범위에 있다면 양육 조건에 관계없이 안정애착을 형성할 수 있으며, 다른 영아는 자신의 양육 경험이 어떠하든 회피애착을 형성할 수도 있다. 그러나 대부분의 영아는 태어난 기질과 자신이 받는 양육의 조합에 의해 영향을 받는다고 할 수 있다.

2 기질과 애착의 관계

기질과 애착의 관계에 관한 연구들을 살펴보면 상반된 두 가지 견해가 있다. 하나는 애착과 기질이 별개의 구조이기 때문에 유아의 기질에 관계없이 반응적 부모는 자녀가 안정애착을 형성하게 한다는 주장(Sroufe, 1985)을 들 수 있다. 즉 민감한 부모는 자녀의 기질 차이로 생기는 양육의 어려움을 극복할 수 있어(Ainsworth, 1982), 기질은 애착의 안정도에 거의 기여하지 않는다(Sroufe, 1985)는 것이다. 이러한 주장을 지지하는 연구자들(Vaughn, Lefever, Seifer & Barglow, 1989)은 영아가 낯선 상황에서 하는 행동과 기질을 살펴본 결과 영아의 기질과 애착이 유의미한 상관이 나타나지 않았다. 박경자(1999)도 영아의 기질과 애착안정성은 상관이 없었다고 보고한다.

케이건(1984)은 애착이 어머니의 양육행동보다는 유아의 기질과 밀접하게 관련된다고 주장하는데, 그는 낯선 상황에서 다루기 어려운 기질의 영아는 다루기 쉬운 기질의 영아에 비해 분리불안을 강하게 표출하므로 애착형성이 불안정한 것으로 인지되기 쉽다고 언급하고 있다. 한편 다른 학자들(Waters, Vaughn, & Egeland, 1980)도 신생아 때 까다로운 기질의 영아들이 불안애착 유형이 될 가능성이 많다고 지적하고 있다.

다른 연구(Vaughn, Bost, & Van Ijzendoorn, 2008)에서도 여러 주요 애착이론에 관한 연구 결과를 종합한 결과 애착과 기질의 관계에 대한 연구 결과에 일관성이 적었다고 보고하고 있다. 예를 들어 기질의 한 차원에서 높게 평정되었던 낯선 상황의 한 분류에 속하는 유아가 다른 연구에서는 같은 기질 차원에서 낮게 보고되고 있었다. 이들은 이러한 결과를 토대로 정서의 표현에서 애착과 기질의 두 영역이 어느 정도 관계는 있지만 애착이론에서 개인차는 기질 구조로 설명할 수 없다고 결론 내리고 있다. 또한 이들은 애착구조는 기질의 개인차를 설명하는 데 충분하지 않다고 언급한다.

그러나 애착과 기질이 관련된다고 주장하는 학자들도 있다. 기질은 사회적 교류와 대인관계의 질에 영향을 주는 핵심 성격 특성으로 기질과 애착은 같은 것이어서 관계가 있다고 보고하는 연구들(Mangelsdorf & Frosch, 2000; Stright, Gallagher, & Kelley, 2008)도 있다. 예를 들어 한 연구에서는 5개월과 42개월에 기질을 측정하고 애착 Q-set로 12개월과 42개월에 애착을 측정한 결과, 영아기와 유아기 모두에서 기질과 애착이 유의미한 관계를 나타냈다고 보고했다. 다른 연구에서도 낯선 상황에서 영아의 애착이 어머니의 민감성보다 영아의 기질과 더 강하게 관련되었다고 보고한다. 애착과 기질의 관계를 조금 더 구체적으로 보고하는 연구들도 있는데, 예를 들어 까다로운 기질은 애착안정성과 부적상관(Rothbart & Bates, 1998; Szewczyk-Sokolowski, Bost, & Wainwright, 2005; Vaughn and Bost, 1999)이 있는 것으로 보고되고 있다.

실제로 기질과 애착의 관계를 다룬 우리나라의 연구(구미향, 이양희, 2000; 손혜련, 1996; 유효순, 2012; 이정희, 1993; 홍계옥, 1994; 황현주, 정옥분, 2006)들의 결과를 요약하면 공통적으로 기질의 적응성이 유아의 애착과 정적 상관이 있는 것으로 지적되고 있다. 적응성이란 경직되지 않고 유연성이 높으며 철회하지 않고 접근성이 높고 기분이 긍정적인 기질적 특성을 말한다.

3 기질과 양육행동

기질이 애착에 영향을 직접 주느냐 아니냐에 대해 논란이 있으나 확실한 것은 영아의 기질이 부모의 양육 태도에 영향을 준다는 것이다. 앞에서도 살펴보았지만 부모의 양육 태도가 영아의 안정애착 형성에 가장 중요한 변인이라면, 기질은 애착형성에 직접 영향을 주지 않더라도 부모의 양육 태도에 영향을 주어 영아의 애착형성에 간접적으로 영향을 줄 수 있음을 시사한다.

영아의 기질은 부모의 양육 태도에 어떻게 영향을 줄까. 다루기 어려운 영아는 부모를 좌절하게 만들고 부모로 하여금 영아에게 기대를 덜 하게 한다. 물론 영아의 기질과 부모의 양육 태도의 관계는 일방적이라고 볼 수는 없다. 소심하고 수줍음을 많이 타는 기질을 가지고 태어났다 하더라도 외부세계에 서서히 대처하도록 격려하고 지지하는 부모 밑에서 자라는 경우 영아는 점차 지나치게 소심해하거나 수줍음을 타지 않게 되기도 한다. 느린 기질을 가진 영아는 활발한 기질을 가진 영아만큼 부모가 요구하는 진도에 맞춰 나가지 못한다. 만약 이에 실망해 부모가 관심을 갖지 않는다면 영아는 더욱 위축되고 발달과업을 제대로 이루지 못하게 될 것이다. 그러나 부모가 이러한 성향을 이해하면서 적극적으로 개입한다면 영아는 자신의 행동을 바꿀 수도 있다.

이와 같이 영아의 기질과 환경이 상호작용해 바람직한 결과를 산출하는 것은 토머스와 체스(1986)의 조화적합성(goodness-of-fit)으로 설명이 된다. 예를 들어 직장생활을 해서 하루 일과가 규칙적이어야 하는 어머니의 경우, 자녀의 생리적 주기가 불규칙하면 자녀를 양육하는 데 스트레스를 받으며 자녀 양육에 긴장과 갈등을 많이 가질 것이다. 그러나 생리적 주기가 불규칙한 영아가 느긋한 어머니를 만났다면 어머니와 더 편안한 관계를 갖게 될 것이다.

영아의 기질과 부모의 양육 태도에 관한 한 연구(Maccoby, Smow, & Jacklin, 1984)를 보면 아기가 12개월 때에는 다루기 어려운 기질을 가지고 있거나 다루기 쉬운 기질을 가지고 있거나 어머니의 훈육 행동에 차이가 없었으나 아기가 18개월이 되었을 때에는 다루기 어려운 기질을 가진 영아의 어머니는 부정적 훈육을 더 많이 했고 영아를 잘 가르치려는 노력은 감소했음을 알 수 있었다. 다른 연구(Gauvain & Gagot)에서는 자녀가 다루기 어려운 기질을 지니고 있다고 느끼는 어머니들이 다른 어머니들에 비해 자녀와 학습이나 발견의 기회를 제공하는 상호작용이 적었다. 뿐만 아니라 연구대상 아이들이 5세가 되었을 때 인지발달을 살펴본 결과 인지적 문제해결과 관련된 과업을 잘 수행하지 못했음을 알 수 있었다. 이와 같이 영아의 기질적 특성은 사회적 상호작용의 질에 영향을 주어 유아의 사회정서발달뿐 아니라 인지발달에도 영향을 준다. 이는 영아가 바람직하게 발달하기 위해 영아의 기질과 부모의 기질이 얼마나 조화를 이루는가가 중요함을 시사하는 것이다(정옥분과 동료들, 2009).

제7장

애착과 발달

01 개념적 견해

우리는 자라는 자녀를 보면서 어떤 성인이 될까 궁금해한다. 철학자, 심리학자, 최근에는 행동주의 학자들도 어릴 때 특징이 성인이 되었을 때의 성격에 어떤 영향을 주는지 알고자 한다. 어릴 때 특징 중 우리가 많은 관심을 갖고 있는 것 중 하나는 어려서 이루어진 누군가와의 친밀한 관계의 영향일 것이다. 어릴 때의 대인관계에 관심을 가진 사람은 누구보다도 프로이트(1940)다. 그는 영아기 엄마와의 관계가 다른 어떠한 관계와도 양립할 수 없는 것으로, 평생 동안 처음이면서 가장 강력한 사랑하는 사람과의 관계로서 후에 모든 사랑하는 사람과의 관계에 전형이 된다고 보았다. 이러한 정신분석이론의 전통을 받아들여 볼비(1982) 역시 주 양육자와의 따뜻하고 지속적인 관계는 인간이 적응하는 데 필요한 심리적 건강과 안녕을 평생 부여한다고 보았다. 특히 그는 동료인 에인즈워스(1973)와 같이 애착의 안정성이 성장 후 친밀한 관계나, 자아 이해, 심지어는 정신 병리에도 장기적 영향을 준다고 보았다.

일반적으로 기대되는 바와 같이 안정애착은 후에 부모나 또래, 친구 그리고 다른 사람과의 관계, 자아개념, 문제행동 나아가 사회

인지와 관계됨이 지적되고 있다. 뿐만 아니라 인지발달, 언어발달, 탐색, 놀이, 호기심, 기억, 학업성취와도 관련된다고 연구자들은 보고한다. 만약 이렇게 영아의 애착이 후의 여러 가지 발달에 영향을 준다면 우리는 또 다른 질문에 닿게 된다. 얼마나 일찍, 왜 애착안정성이 후의 발달과 관련되는가 하는 것과 왜 애착안정성이 후의 한 인간의 기능을 직간접적으로 예측하는 모델이 되는가 하는 점이다.

초기 애착이 후속 발달에 왜, 어떻게 영향을 주는가에 대해 일부 연구자들(Weinfield, Sroufe, Egeland, & Carlson, 1999)은 초기 애착은 영아의 두뇌발달, 정서통제, 대인관계, 대인관계 초기 표상 등의 발달에 장기적 영향을 주기 때문에 중요하다고 본다. 이들은 초기 애착관계가 후의 대인관계 능력에 강하게 관련된다고 주장한다. 이러한 면에서 애착이론가들은 초기 애착안정성이 발달에 주는 영향을 이론적으로 설명하고자 했다. 이러한 설명들로는 초기 안정-불안 애착관계의 결과를 강조하는 것, 성격 성장 각 단계에 미치는 영향을 강조하는 것, 부모의 양육의 지속성을 강조하는것, 진화론적 관점에서 적응적 역량을 강조하는 것 등을 들 수 있다.

여기에서는 영아기에 형성된 애착이 성장 후의 여러 발달에 왜 영향을 주는가에 대한 애착이론의 여러 관점에 대해 살펴본다.

1 내적 실행모델

초기 애착이 후속 발달에 어떻게 영향을 주는가를 설명하는 가장 대표적인 것은 내적 실행모델을 통한 안정 불안 애착의 표상일 것이다. 좀 더 구체적으로 설명한다면 볼비의 애착이론에서 가장 강력한 주장은 애착안정성이 아동의 심리적 성장에 정신적 표상 즉 내적 실행모델을 통해 영향을 준다는 것이다. 내적 실행모델은 우리가 앞에서도 살펴본 바와 같이 영아가 자신의 주 양육자의 가능성과 반응에 대한 기대를 토대로 형성한 것으로 이러한 기대는 자신과 애착 대상에 대한 표상, 그리고 자신과 애착 대상의 관계에 대한 해석, 다른 사람과 어떻게 상호작용할 것인가에 대한 규칙을 결정하도록 한다.

이러한 내적 실행모델은 아동에게 주 양육자의 반응을 예측할 수 있게 할 뿐 아니라 성장 후 자신의 안정, 불안애착 경험을 토대로 새로운 대인관계를 이해하게 한다. 따라서 내적 실행모델은 자신의 주 양육자의 민감/민감하지 않은 양육과 후에 친밀한 관계에 대한 기대나 믿음의 발달에 다리 구실을 한다. 이러한 견해에서 본다면 내적 실행모델은 아동이 후에 성공적인 친밀한 관계(부모, 또래, 교사, 다른 사람들과의 관계)를 형성하고 유지하는 데 가장 직접적으로 관계한다고 볼 수 있다. 즉 다시 말하면 볼비의 내적 실행모델은 영아기에 형성된 애착의 안정성이 친밀하고 만족스러운 대인관계를 형성하게 하고 긍정적 자아개념을 형성하게 하며 타인에 대해 건설적이며 통찰력 있는 이해를 하게 하는 데 영향을 준다고 볼 수 있다.

2 성격 조직화의 출현

후의 발달에 미치는 초기 애착의 영향에 대한 또 다른 관점은 애착안정성이 영아기 성격 형성 과정에 도움을 주어 성장하면서 더욱 견고하게 되어 후속 성격의 성장에 영향을 줄 수 있다는 점이다. 초기 애착은 아주 중요한데, 이는 아직 성격 성장에서 여러 도전에 직면하는 능력이 조금 부족한 아동이 성격의 적응 또는 부적응 조직화 과정을 만들게 하기 때문이다.

이러한 주장은 몇몇 학자들(Sroufe, 2005; Sroufe, Egeland, Carlson, & Collins, 2005)의 조직화 견해(organizational perspective)에 잘 나타나 있다. 이들 신에릭슨 학파들은 성격의 성장은 연령에 따라 다른 발달적 도전의 연속으로 이러한 도전의 해결 여부에 따라 각 시기에 성격발달의 결정적 측면이 조직화된다고 설명하고 있다. 출생 후 첫 1년은 물론 안정애착의 발달이 중심이다. 그러나 두 돌에는 자율적 자아형성의 발달, 취학 전 연령에선 자율적인 또래 관계의 획득, 아동 중기에는 성공적인 학교 적응, 우정 형성과 집단 구성원이 되는 것, 그리고 청소년기에는 동일시와 자아반영이 중요하다.

이러한 연속적 발달과정에서 이전 단계의 발달적 도전이 성공적으로 이루어진 경우 후속 발달에 더 견고한 심리적 기반이 된다. 왜냐하면 성격조직화에 내적 자원이 되고 아동이 의지할 수 있는 지지적 관계가 되기 때문이다. 그러나 이전 발달이 성공적으로 이루어진 아동일지라도 성격조직화에 새로운 도전이 직면하면 적응과정에서 성격의 변화가 이루어질 수 있다.

이러한 견해에서 보면 초기 애착에 영향을 받는 발달적 과정은 아동이 성장하면서 부딪히는 연령과 관련된 도전에 따라 다를 수 있다.

3 부모-자녀 관계의 일관성과 변화

초기 애착이 후속 발달에 영향을 주나 우리가 무시할 수 없는 변인이 부모-자녀 관계, 즉 부모의 양육이다. 영아기와 초기 아동기에는 부모-자녀 관계가 안정 또는 불안으로 설명될 수 있다. 그러나 청소년기가 되면 안정성은 개인의 특성으로 간주된다. 따라서 애착이론가들은 대인관계의 특성이 어떻게 성격에 통합되는가를 설명하고자 한다. 대인관계로서 애착이 개인적 특성으로서 전이되는 데에 초기 연령기의 대인관계 질의 일관성 여부가 후속 발달에서 초기 애착의 의미가 지속되는 기반이 된다고 한다. 간단하게 이야기 한다면, 만약 초기 애착안정성에 기여한 민감하고 지지적인 부모의 양육, 보호가 지속된다면 초기 안정애착은 후속 사회심리적 성취에 강한 기반을 제공한다. 지속적인 부모의 지지 관계에서 아동은 영아기에 경험한 부모의 민감한 보호, 양육의 장점을 계속 즐기게 되며 나아가 부모의 영향과 성인의 목표와 행동을 동일시해 사회화의 보상을 점차 받아들이게 된다(Kochanska, 2002). 그러나 초기 민감한 양육이 안정애착형성에 도움이 되었다 하더라도 유지되지 않는다면 초기 애착안정성이 아동에게 미치는 효과가 지속적일 이유가 적다. 이러한 견해에서는 후속 발달에 미치는 초기 애착의 중요성은 부모의 양육이 민감성을 지속하느냐 하는 것이 중요한 과제가 된다.

한 연구(Belsky & Fearon, 2002)에서는 15개월에 낯선 상황에서 애착을 분류하고 24개월 때 어머니의 민감성을 측정했는데, 연구 대상 영아가 36개월이 되었을 때 사회성과 인지능력을 측정한 결과 가장 높은 점수를 얻은 영아들은 15개월 때 안정애착으로 분류된 영아들로 계속 민감한 양육을 받고 있는 영아들이었다. 36개월 때 사회성과 인지능력에서 낮게 평가된 영아들은 15개월 때 불안애착으로 분류된 영아들로 계속 민감하지 않은 양육을 받은 것을 알 수 있었다. 중간 집단의 영아들은 두 집단으로 나누어 볼 수 있었는데 초기 불안애착으로 분류된 영아들이지만 나중에는 민감한 양육을 경험한 영아들은 초기 안정애착으로 분류되었으나, 나중에도 민감하지 않은 양육을 받은 영아들보다 사회성이나 인지능력 점수가 더 높은 것으로 나타났다. 연구자들은 영아가 24개월 되었을 때 삶의 스트레스, 우울, 사회적 지지, 가족 자원 등이 왜 안정애착을 형성했던 영아가 민감하지 않은 양육을 받게 되었고, 불안애착을 형성한 영아가 민감한 양육을 받게 되었는가를 잘 설명해 주는 요인이었다고 이야기하고 있다. 어머니의 민감성 감소는 부정적인 가정사와 지지의 결여와 관련되었으며 이는 영아뿐 아니라 어머니에게도 영향을 주는 것이었다.

이러한 결과는 초기 애착의 안정성이 후속 경험의 질, 특히 민감한 양육 경험 여부와 함께 후속 발달의 결과를 예측할 수 있음을 시사하는 것이다. 여기서 의미하는 것은 초기 애착형성뿐 아니라 후속적인 양육의 질 역시 후속 발달을 예측하는 데 중요하다는 점이다.

4 생물학적 적응

볼비나 그의 동료들은 애착을 인간의 생존을 촉진하는 진화된 행동체계의 기능으로 설명하고 있다. 더 구체적으로 이야기하면 애착행동체계는 영아가 혼란스러울 때, 위험할 때 성인에게 접근하도록 하고 접근을 유지하도록 한다. 애착이론가들은 안정애착행동은 불안애착행동과 달리 생물학적 적응인데, 이는 양육자에게 보호해 달라고 접근하게 하고 이를 유지하게 하기 때문이다. 그러나 행동생태학과 생활사 이론에서는 안정과 불안 행동 유형은 서로 다른 부모의 양육의 질에 대한 생물학적 적응 반응으로 간주될 수 있다고 본다

(Chisholm 1999). 이러한 견해에서는 민감하게 반응하는 부모의 양육은 아동에게 제공하고자 하는 부모의 능력과 자발성에서 안정애착을 유도하며 아동이 또한 성숙을 준비하기 위한 탐색과 놀이, 그 밖의 여러 활동에 확신을 갖게 한다. 반대로 부모가 반응을 잘하지 않거나 민감하지 않은 양육을 하는 경우 아동에게 자원을 투자하고자 하는 자발성이 없음(자녀가 회피애착을 형성하게 함)을 나타내거나 부모가 그러한 능력이 없음(저항애착을 형성하게 함)을 나타내는 것으로, 각각의 불안애착행동 유형은 아동이 필요한 자원을 다른 방법으로 얻어야 함을 나타내는 것이다. 이러한 견해에서 보면 초기 애착유형은 미숙한 개인을 돕는 기능으로 지속적이지 않을 수 있는 미숙한 적응(juvenile adaptation) 기능이다.

그러나 생활사이론은 환경적 결핍이 있는, 또는 환경적 결핍이 없는 초기 양육의 질이 자손으로 하여금 영아기를 넘어 어떻게 생존이나 생산에 기여하는지 설명하고자 한다. 사회화에 대한 진화론적 이론가들(Belsky, Steinberg, & Draper, 1991)은 부모의 양육에서 자녀에 대한 민감성과 양육의 의미에 따라 초기 애착 유형은 후속 사춘기 성숙, 성적 활동의 시작, 짝짓기의 선호, 부모로서의 투자 등에 차이가 있다고 본다. 요약하면 아주 스트레스가 많은 가정에서 자라 불안애착을 형성한 아동은 성장 후 부모로서 투자를 적게 하지만, 스트레스가 적은 가정에서 자란 아동은 반대의 특성을 보인다는 것이다. 이들의 초기 애착유형은 미숙한 적응을 나타내는 것이 아니라 출생 초 뚜렷한 특성이 후속 행동 유형에 통합되어 일생 동안 적응적 가치를 갖는 개체발생적 적응(ontogenetic adaptation)을 나타내는 것이라고 본다. 초기 애착을 미숙한 적응으로 보든 개체발생적 적응으로 보든 초기 안정, 불안 애착이 발달적 결과와 관련됨을 알 수 있다.

02 발달에 미치는 애착의 영향

그렇다면 구체적으로 초기 애착은 후속 발달에 어떠한 영향을 미칠까? 여기에서는 사회성 발달, 정서적 발달, 인지적 발달 측면에서 살펴본다.

1 사회성과 성격과 애착

1) 부모-자녀 관계와 대인관계

아마도 안정애착의 가장 강력하고 직접적인 결과는 긍정적 부모-자녀 관계일 것이다. 한 단기 종단연구(Frankel & Bates, 1990)에 의하면 낯선 상황에서 분류된 안정애착 영아는 엄마와 과제를 해결하는 데 더 열정적이며 협조적이었고, 덜 좌절감을 나타내거나 화를 덜 나타냈다. 즉 안정애착 영아는 생후 두 돌이 되었을 때 어머니와 더 잘 조화를 이루고 있음을 알 수 있었다.

그러나 이들 연구에서 또 하나 알 수 있었던 점은 안정애착을 형성한 영아의 어머니들은 자녀에게 민감하게 대했으며, 후속평가에서 자녀에게 더 많은 도움을 주었고, 자녀의 긍정적 행동을 지지해주었다. 다른 말로 표현한다면 안정애착 영아-어머니 쌍은 더 잘 같이 작동을 했는데, 이는 애착안정성과 후의 양방적인 부모-자녀의 상호작용 간에 일관성이 있음을 나타내는 것이다. 이는 안정애

▶ 엄마와 상호작용을 하는 영아

착의 장점 중 하나가 부모-자녀 관계를 긍정적 상호 호혜적인 대인관계 지향성(Maccoby, 1984; Mutual interpersonal orientation of positive reciprocity)이라 부르는 것과 일치한다. 이는 협동, 가치 획득, 그리고 부모의 사회화 노력에 대한 아동의 열정적인 반응의 기반이 된다. 그러나 이러한 조화가 유지되지 않으면 초기 안정적인 부모-자녀 관계의 장점 또한 유지되지 않는다.

초기 안정애착의 영향은 비단 긍정적 부모-자녀 관계에만 영향을 주는 것은 아니다. 가족 이외의 대인관계로는 또래 관계를 들 수 있다. 한 연구(Schneider, Atkinson, & Tardif, 2001)에 의하면 부모-자녀간의 애착안정성과 아동의 또래 관계는 중간 정도의 관련성이 있어 애착안정성이 우정을 형성하고 유지하는 데 중요함을 알 수 있었다. 이들 연구자들은 또 아동 중기나 청소년기에는 유아기보다 애착이 또래 관계와 더 강한 관련성이 있었다고 보고한다. 이는 아동의 우정 표상과 애착의 내적 실행모델이 나이가 듦에 따라 더 견고해지고 정교화하는 데서 오는 것이라고 설명하고 있다. 이를 지지하는 연구(Raikes, Virmani, Thompson, & Pong, 2007) 결과를 보면 24개월 때 애착 Q-set로 애착의 안정성을 알아보고 이들이 54개월에서 84개월이 되었을 때 관찰해 보니 유치원에 가서나 학교에 가서도 또래 간의 갈등이 낮았음을 알 수 있었다. 또 다른 연구(Bost, Vaughn, Washington, Cielinski, & Bradbard, 1998)에서는 안정애착을 형성한 아동이 더 넓고 지지적인 사회적 조직망을 가지고 있었으며, 또래 관계 사회성 측정에서 높게 평가되었음을 알 수 있었다.

초기 애착은 성장하여 데이트나 결혼관계 등 애정적 대인관계에도 영향을 준다. 물론 모든 연구 결과가 일치하는 것은 아니나 이들 연구 결과를 요약하면 다음과 같다. 첫째, 자기보고식 결혼만족도와 애착유형분류의 관계에 대한 연구 결과가 모두 일치하는 것은 아니었다(Crowell & Treboux, 1995). 둘째, 자기보고와 관찰 간에 일치하는 경우도 있었는데 이는 적어도 한쪽 배우자가 불안애착인 경우와 둘 다 불안애착인 경우 갈등이 더 많았다는 점이다. 예를 들어 결혼한 커플 중 자율적인(안정애착) 여성보다 불안애착을 형성한 여성은 배우자에 대한 언어적, 신체적 공격을 더 많이 했으며 양 배우자 모두 질투에 대해 더 많이 보고하고 있었다. 구체적으로 보면 15~18개월 간의 결혼생활 후 불안애착인 것으로 분류된 여성은 결혼 갈등, 신체적, 언어적 공격, 배우자가 자신을 버릴 것이라는 생각 등을 더 많이 보고했다. 세 번째 증거들은 결혼한 부부 중 남편의 애착 상태가 아내의 애착 상태보다 결혼의 질에 더 영향을 준다는 점이다. 자율적인 남편은 결혼생활에서 기능을 잘하고 긍정적인 상호작용을 잘하였다(Cohn et al, 1992). 나아가 둘 다 불안애착을 형성한 부부가 가장 갈등이 많고 부정적 영향을 주었다.

2) 자아개념

자아개념이란 가장 쉽게 설명을 한다면 나는 누구일까라는 질문에 대한 답이라고 볼 수 있다. 좀 더 구체적으로 이야기하면 개인이 자신의 신체, 행동, 사고가 독특하며 다른 사람과 다르다는 것을 깨닫는 것이다. 영아가 자아를 인식하기 위해서는 생의 초기 어느 시점에서, 자기를 둘러싼 환경 속에 있는 다른 사람이나 사물들과 자기가 구별된 독립된 존재라는 것을 인식해야 한다.

영아기에는 자신의 신체에 대한 개념을 먼저 형성한다. 영아가 신체자아를 형성하는 것은 25개월 전후로 5~8개월 사이의 영아는 거울 속의 자신을 알아보지 못하고 만져 보려 한다. 10개월을 전후해 영아는 거울 속 자신의 영상이 자기가 움직임에 따라 움직인다는 것을 이해하기 시작해 15개월이 되어야 거울 속의 영상이 자기임을 알아본다. 이러한 자아개념에서 중요한 것은 자아존중감이다. 자아존중감이란 자신의 가치에 대한 스스로의 판단이나 감정을 말한다. 예를 들어 자신이 좋은 사람이라고 생각하는 아동은 긍정적 자아존중감을 가진 아동이다. 일반적으로 자아존중감은 아동이 자신의 유용성에 대해 가지는 자아 이미지와 주위의 사람들이 자신에

▶ 거울에 비친 자신을 보고 웃고 있는 영아

대해 내리는 평가를 바탕으로 이루어진다. 아동 스스로 자신이 능력이 있다고 생각할 뿐 아니라 주위 성인들이 인정을 해 주면 아동은 긍정적 자아존중감을 가지게 된다. 자아존중감이 높은 아동은 자신에 대해 호의적이고 긍정적인 감정을 느끼는 반면, 자아존중감이 낮은 아동들은 자기 자신에 대해 부정적이고 자신이 불행하다는 느낌을 가진다.

애착안정성이 어린 아동의 자아개념, 특히 자신이 사랑 받고 있으며 사랑하고 싶은 사람이라는 자신에 대한 개념에 영향을 준다는 볼비(1980)의 주장은 애착과 자아개념에 대한 연구를 촉진했다. 안정애착 아동을 대상으로 인형을 이용한 면접 결과를 보면 일반적으로 자신에 대해 긍정적이었으며 자신이 완전하지는 않다는 점을 수긍했다. 그러나 불안애착 아동은 부정적으로 자신을 기술했으며 자신의 약점에 대해 수긍하지 않았다. 나아가 안정애착 아동들은 전체적으로 긍정적 자아개념을 보였다.

3) 사회성 능력

사회성 능력이란 타인과 정보를 나누면서 융통성 있게 상황을 다루는 능력으로, 이러한 능력에는 상호작용의 시도, 타인의 사회적 몸짓에 맞게 반응하는 것, 상호작용을 억제할 수 있는 부정적 행동 표현을 억제하는 능력 등이 포함된다. 이러한 사회성 능력은 유아가 또래와 사회적으로 원만한 관계를 형성시킬 수 있는 능력으로 아동기의 중요한 발달과제 중 하나이다.

인간이 이 세상에 태어나 최초로 맺는 사회적 관계인 영아-엄마와의 애착관계가 바로 아동의 사회성 능력에 영향을 주는 요인이다. 왜냐하면 부모와의 안정애착관계는 유아가 자신을 사랑 받을, 가치 있는 존재로 보게 하므로 안정애착은 물리적 환경뿐 아니라 사회적 환경도 확신을 가지고 탐색하게 하며, 타인에게 좀 더 긍정적인 오리엔테이션을 보이기 때문이다. 즉 안정애착은 아동의 사회성 능력에 이중으로 작용하는데, 우선 타인에게 긍정적인 지향반응을 하도록 함으로써 또래와의 상호작용을 촉진한다. 둘째, 애착 대상이 실행모델로서 또래와의 상호작용을 격려함으로써 아동이 또래로부터 배울 수 있는 기회를 제공해 사회성 능력을 간접적으로 지원한다.

이러한 주장을 뒷받침하는 연구 결과들(유효순, 1992; 최진아, 박은민, 2011: Jacobson & Willie, 1986)을 보면 안정애착을 형성한 아동은 불안애착을 형성한 아동보다 놀이친구에게 더 긍정적으로 대하며, 놀이친구로부터 더 긍정적 반응을 얻었다. 이들은 또래 관계에 더 자신감이 있고 더 나은 사회성 기술을 보였을 뿐만 아니라 안정애착을 형성한 아동들은 교사의 평정이나 또래의 사회성 평정에서 모두 높게 평정되었다. 생일잔치에 초대하고 싶은 친구를 들어 보라는 사회성 평정에 대한 연구 결과를 보면 안정애착 아동들은 불안애착 아동들보다 또래가 좋아하는, 생일에 초대하고 싶은 아동에 더 선택되었으며 불안애착을 형성한 아동들은 또래로부터 공격적인 것으로 지각되었다. 나아가 안정애착 아동들은 불안애착 아동들보다 교사에게 더 능력 있는 아동으로 평정되었다. 불안-회피애착 아동들은 거부될 것이라는 기대를 가져 또래 관계에서 쉽게 공격적이거나 적대적으로 되며, 불안-저항애착 아동은 타인을 예측할 수 없다고 생각해 대인관계에서 주저주저하거나 충동적으로 행동했다(Sroufe, 1983).

4) 성격

초기 애착과 아동의 발달에 대한 가장 종합적인 한 연구(Sroufe, 2005)에서는 저소득층 가정의 아동에 초점을 둔 것이나 애착과 성격에 대해 영아기에 모집된 연구 대상을 29세가 될 때까지 종단적 연구를 했다. 연구 대상이 12개월과 18개월이 되었을 때 낯선 상황을 이용해 애착을 분류했고 그 후로 정기적으로 행동관찰, 면접, 관찰자 평정, 자기보고, 그리고 간편 검사를 이용해 성격을 측정했다.

이 연구 결과를 보면 초기 애착의 안정성은 아동기나 청소년기 내내 성격과 유의미한 관계가 있었으며 또한 정서적 건강, 자아존중, 자아확신, 긍정적 정서, 또래, 교사, 캠프 카운슬러, 연인과의 관계에서 사회적 유능성과도 유의미한 관계가 있었다. 연구자들은 지속적인 양육의 질 때문에 영아기 애착이 성격의 형성과 관계된 것으로 결론을 내리고 있다.

또 다른 연구(Carlson, Sroufe, & Egeland, 2004)에서 보면 후속 성격에 대한 예측은 초기 애착이 후속적인 양육의 질로 보완될 경우 더 증가함을 보고하고 있다. 즉 지속적으로 질 좋은 양육의 지지를 해 줄 경우 아동이 성숙하면서도 초기애착의 안정성이 성격발달에 미치는 영향이 전이될 뿐 아니라 지속됨을 알 수 있다. 그러나 주의해야 할 것은 성격의 발달은 다면적으로 결정되는 것으로, 애착안정성은 성격형성에 영향을 주는 여러 요인 중 하나라는 점이다.

2 정서발달과 애착

1) 정서 표현과 정서 이해

정서 표현은 아동의 나이에 따라 출현 시기가 다르다. 예를 들어 출생 직후 며칠 되지 않은 신생아도 관심, 기쁨, 슬픔, 분노, 놀라움 등의 정서를 얼굴 표정으로 나타낸다. 그러나 7개월 정도가 되면 두려움이 나타나게 되는데, 이러한 영아기 초의 정서 표현은 학습에 의한 것이라기보다는 생물학적으로 정해진 것이라는 견해가 지배적이다. 이러한 정서는 생의 초기, 즉 생후 2개월에서 7개월쯤부터 나타나는 것으로 세계 모든 문화권에서 볼 수 있기 때문에 1차 정서(basic or primary emotion)라고 한다. 첫돌이 지나면서 수치, 부러움, 죄책감, 자부심과 같은 정서가 나타난다. 이러한 정서는 영아가 거울이나 사진으로 자신을 알아보기 이전에는 나타나지 않는다. 즉 출생 후 2년째에 들어서야 자신과 사회적 관계에 대한 복잡한 관계의 이해를 반영하는 정서, 부끄러움, 죄책감, 부러움 등의 감정 표현이 나타난다. 이러한 정서는 2차 정서(secondary emotion)라 하는데,

2차 정서는 자신에 대한 인식뿐 아니라 자신의 행동을 평가하는 능력도 필요하다. 정서 표현은 나이가 많아지면서 더 분화되고 복잡해진다.

아동이 자신이나 타인의 정서 표현을 이해하는 것은 중요하다. 생후 8개월에서 10개월만 되어도 영아는 다른 사람의 정서를 자기 행동의 길잡이로 삼는 사회적 참조 현상(social reference)이 나타난다. 정서의 사회적 참조란 낯선 상황에서 자신의 행동을 선택하기 위해 타인의 정서적 표현을 참고하는 것으로, 예를 들어 엄마가 즐거운 표정으로 낯선 놀잇감을 바라보고 있으면 그 놀잇감에 접근을 하지만 무서워하는 표정을 하고 있으면 접근하지 않는다. 취학 전의 아동들은 대부분의 정서 표현을 잘 이해한다. 그리고 행복하거나 기쁠 때 그 감정을 감추기 어렵다. 예를 들어 화가 나 있는데 엄마가 자기가 좋아하는 것을 주면 얼른 즐거운 표정을 짓는다. 그러나 부정적인 감정을 감춘 표정, 예를 들어 자기가 좋아하지 않는 선

▶ 다양한 정서를 나타내고 있는 영아

물을 받으면서 좋다는 듯이 웃는 표정과 같은 정서 표현을 이해하는 데 어려움을 갖는다.

볼비(1979)는 영아가 양육자와 애착을 형성, 유지하거나 애착 대상을 잃어버리는 과정에서 강렬한 정서적 경험을 하게 된다고 보았다. 영아가 애착 대상과 유대감을 형성하는 과정에서 사랑과 유사한 정서를 경험하게 되며 이러한 유대감이 지속되면 즐거움을, 그렇지 못하면 분노의 정서를 경험하게 된다. 애착 대상과의 유대감 상실에 대한 두려움은 불안을 일으키며 실제로 잃었을 때 슬픔을 경험하게 된다. 이러한 측면에서 볼 때 애착은 정서와 밀접한 관련이 있음을 알 수 있다.

에인즈워스의 낯선 상황은 바로 영아의 정서표현의 전략을 알 수 있게 해 준다. 안정애착 영아는 보호나 위안의 욕구를 직접적으로 자유롭게 표현하나 불안-회피애착 영아는 자신의 애착욕구의 표현을 제한하며 불안-저항애착 영아는 자신의 애착욕구를 과도하게 표현한다. 이를 더 구체적으로 정서 표현과 관련해 설명하면 안정애착 영아는 엄마와 격리 이전에 이미 긍정적 정서를 양육자와 교류하며 재결합 시 재빨리 긍정적 기분으로 회복이 된다. 반면 불안-회피애착 영아는 긍정, 부정의 정서 표현이 거의 없으며 불안-저항애착 영아는 엄마와 격리 시 부정적 정서 표현이 아주 눈에 띈다.

애착과 관련된 아동의 정서 이해에 대한 연구(Raikes & Thompson, 2006)를 보면 안정애착을 형성한 아동은 불안애착을 형성한 아동보다 정서 이해를 더 잘했다. 안정애착을 형성한 아동들은 다른 사람의 정서를 더 잘 알아차렸다. 아울러 이들은 긍정적 정서보다 복잡한 다른 사람의 부정적 정서나 혼합된 정서도 불안애착 아동보다 더 잘 이해했다.

2) 정서 통제

정서 통제와 애착의 관계는 애착의 중추 요인으로서 안정감의 통제를 강조하는 스러프와 워터스(Sroufe & Waters, 1977)의 주장에서 살펴볼 수 있다. 이들은 영아의 정서 신호에 대한 부모의 반응이 아동이 자기의 정서적 경험을 조직하고 안전감을 통제하는 데 결정적이라는 것이다. 이와 비슷하게 캐시디(Cassidy, 1994)는 애착의 안정성은 개방적이고 융통성 있는 정서 표현과 관련되는데, 부모가 다양한 정서에 대해 반응을 잘하면 아동은 그러한 정서 표현이 유용하며 부정적 정서는 위기 상황에서 양육자를 긴장시킴을 알게 된다. 반면 불안-회피애착은 정서 표현이 거의 없는데, 이는 양육자가 부정적 정서 표현을 무시해 아동은 고통스러운 거부감을 경험하지 않기 위해 부정적 정서 표현을 하지 않는 것을 배운다는 것이다. 긍정적 정서 또한 열광적인 상호작용에 대한 자신의 기대가 무너진 경험 때문에 위축된다. 한편 불안-저항애착은 정서 표현의 극대화와 관련되는데, 부정적 정서에 대한 일관성 없는 반응을 받은 경험을 나타내는 것이다.

이들 주장을 토대로 볼 때 영아의 불안에 대해 부모가 민감하게 반응하고 안정애착관계가 지속될 경우 아동은 성숙하면서 정서 통제를 잘 할 수 있게 된다. 나아가 아동의 감정에 대해 부모가 수용적이며 특히 아동이 위협감을 느끼고 불안해할 때 아동과 개방적으로 소통하고자 하는 안정애착관계의 부모는 아동의 정서 인식과 정서 통제능력을 촉진시킨다(Thompon & Meyer, 2007).

애착과 정서 통제의 관련성은 유아 초기에도 나타나는 것으로 보고되고 있다. 한 연구(Gilliom, Shaw, Beck, Schonberg, & Lukon, 2002) 결과를 보면 18개월에 안정애착으로 분류된 남아들을 42개월이 되었을 때 관찰해 보니 좀 더 건설적으로 화를 다루는 것을 알 수 있었다. 예를 들어 불안애착을 형성했던 아동보다 좌절감을 주는 과제에 대해 질문을 많이 하고 조용히 기다릴 줄 알았다.

3) 정서지능

정서지능은 일반 지능에 대비되는 개념으로 감정과 느낌을 통제하고 조정할 줄 아는 능력으로 피터 샐러비와 존 메이어(Peter Salovey & John Mayer, 1990)가 정립한 개념이다. 이들의 주장에 의하면 정서지능이란 사회지능의 하위 요소로서 자기와 타인의 감정과 정서를 평가하고 표현하는 능력, 그리고 자기 일을 계획하고 성취하기 위해 정서를 활용하는 능력이다. 대니얼 골러먼(Daniel Goleman, 1995)은 개인이 사회구성원으로서 성공적인 삶을 영위하기 위해서는 이성과 감성이 조화로운 관계를 이루어야 하며 인간관계에서 느낄 수 있는 정서적 갈등을 긍정적으로 처리하는 정서능력, 즉 정서지능이 무엇보다 필요하다고 주장한다.

이러한 정서지능의 발달이 유아의 애착과 밀접한 관련성이 있음은 여러 애착연구가들(Sroufe, 1997; Cassidy, 1994)의 주장에서 시사받을 수 있다. 스러프는 애착은 영아가 정서적 긴장을 조절할 수 있도록 도와줌으로써 정서통제능력을 확장하게 하는 주 양육자와의 쌍방 정서통제체제로 설명하고 있다. 앞에서도 언급한 바와 같이 캐시디는 한 개인의 정서전략조직은 애착유형과 일치하는데, 이는 부모와의 반복적인 정서적 경험에 뿌리를 두고 있다고 한다.

애착과 정서지능의 관계를 살펴본 연구들(유효순, 2003; 전해령, 2000; Krikorian, 2000)을 보면 애착과 정서지능의 유의미한 관계를 찾지 못한 연구(Krikorian, 2000)가 있는 반면 유의미한 관계를 보고하는 연구들(유효순 2003; 전해령, 2000)도 있다. 전해령은 유아의 애착 안정도는 정서지능의 총점만이 아니라 정서지능의 하위 요인 중 자기 정서의 조절, 타인 정서의 인지와 배려, 또래 간의 관계와 유의미한 상관이 있다고 보고했다. 한편 유효순도 애착안정성이 전체 정서지능과 타인 인식 및 타인 조절능력을 유의미하게 설명하는 것으로 나타났다고 보고했다. 이는 안정애착을 형성한 유아가 정서지능이 높을 뿐 아니라 타인의 감정에 공감하고 원만한 대인관계를 형성할 수 있음을 시사하는 것으로 볼 수 있다.

3 인지발달과 애착

1) 기억

애착연구가들(Alexander, Goodman, Schaaf, Edelstein & Quas, & Shaver, 2002)에 의하면 안정애착을 형성한 아동은 신뢰할 수 있고 도움이 되는 보호자를 표상한 내적 실행모델을 가지고 있기 때문에 스트레스를 주는 상황이나 낯선 상황에 처했을 경우 자신의 정서를 잘 통제해 자기가 경험하는 사건에 주의를 더 잘 기울이고 정확하게 부호화를 할 수 있다. 반면 불안애착을 형성한 아동들은 반응을 잘 안 하거나 일관성 없는 보호자를 표상하는 내적 실행모델을 갖는다. 따라서 이들은 스트레스를 주는 상황에 처하면 사건을 부정적으로 해석해 더 심각하게 위협감을 느끼게 되므로 자신의 보호에 관심을 갖고 상황에는 초점을 두지 못해 상황에 대한 부호화에 제한을 갖는다. 즉 안정애착을 형성한 아동이나 불안애착을 형성한 아동이 어떤 특정 상황에 대해 비슷한 수준의 스트레스를 느끼더라도 안정애착 아동들은 불안애착 아동보다 사건의 여러 면모에 비교적 더 잘 주의를 기울일 수 있다는 것이다. 이러한 주장은 애착이 자신이 경험한 사건에 대한 유아의 기억이나 암시성에 영향을 줄 수 있음을 시사하는 것이다.

실제 스트레스 상황에서 애착 유형에 따른 유아의 기억 차이를 알아본 연구들(Alexander & Edelstein, 2001; Goodman, Quas, Batterman-

Faunce, Riddlesberger, & Kuhn, 1994)을 보면 스트레스를 주는 의학적 처치를 받는 3세에서 10세 사이의 아동을 대상으로 한 연구(Goodman, et al., 1994)에서는 불안애착을 형성한 부모들의 자녀는 안정애착을 형성한 부모의 자녀들보다 더 스트레스를 나타냈으며, 스트레스는 아동의 기억과 부정적 상관을 보였다. 즉 스트레스를 많이 받을수록 기억이 저조했다. 또한 안정애착을 형성한 부모의 자녀는 부모가 불안애착을 형성한 아동들보다 기억에서 오류가 적었다. 한편 다른 연구(kirsh & Cassidy, 1997)에서는 3세 반 유아들에게 불안과 관련된 상황에 대한 어머니의 반응, 거부, 과도한 반응과 관련된 이야기를 들려주고 이들의 애착 유형과 기억의 관계를 살펴본 결과, 안정애착 유아들은 어머니의 반응성에 대한 이야기를 불안애착 유아들보다 더 잘 기억했을 뿐 아니라 이들은 불안-저항애착 유아들보다 어머니의 거부, 과도한 반응 또한 더 잘 기억했다. 이에 대해 연구자들은 안정애착 영아들은 애착 관련 정보 처리 과정에서 다양한 정보에 개방적임을 나타내는 것이라 설명하고 있다.

한편 국내 유아를 대상으로 한 연구(유효순, 2007)에서는 스트레스를 조금 주는 상황을 경험하게 한 뒤 일주일 뒤 이들의 기억과 애착관계를 살펴보았는데, 안정애착 유아들은 불안애착 유아들보다 정확하게 회상했을 뿐 아니라 암시성에 대한 저항이 더 컸다.

2) 정보처리와 애착

정보처리이론에서는 인간의 사고를 컴퓨터의 작동에 비유해 정보가 두뇌에서 어떻게 처리되어 작동하는지 설명하고자 한다. 영아는 다른 어떤 정보보다도 시각적인 정보, 특히 대조가 되는 부분과 움직임에 주로 관심을 보인다. 특히 움직임이 많은 사람의 얼굴 표정에 관심을 집중한다. 그 다음으로 청각적인 것에 관심을 보이는데, 높은 소리와 음조의 변화에 관심을 갖는다. 이러한 영아의 특성은 출생 초부터 영아가 선택적 주의를 기울이며 주변의 사람들이 영아가 관심을 기울이도록 행동하게 해, 영아의 관심을 받게 될 가능성을 높이게 된다.

영아기에는 정신적 표상이 선택적 주의에 중요한 요소가 된다. 놀랍게도 주의력 전략의 차이를 보면 영아 애착 유형이 아주 결정적인 것으로 나타난다. 안정애착을 형성한 영아는 양육자와 주위 환경 모두에 융통성 있게 주의를 기울인다. 반면 불안회피 영아는 애착과 관련된 정보를 선택적으로 제외시키는 전략을 사용한다. 따라서 이들은 환경에 초점을 두고 양육자에게는 관심을 기울이지 않는다. 불안-저항애착 영아는 과잉 활동적이어서 애착 관련 정보에 지나치게 경계를 한다. 이들은 오직 양육자에게 초점을 두어 주변의 환경적 정보를 무시한다(Goldberg, 2000).

제8장
가족체계와 애착

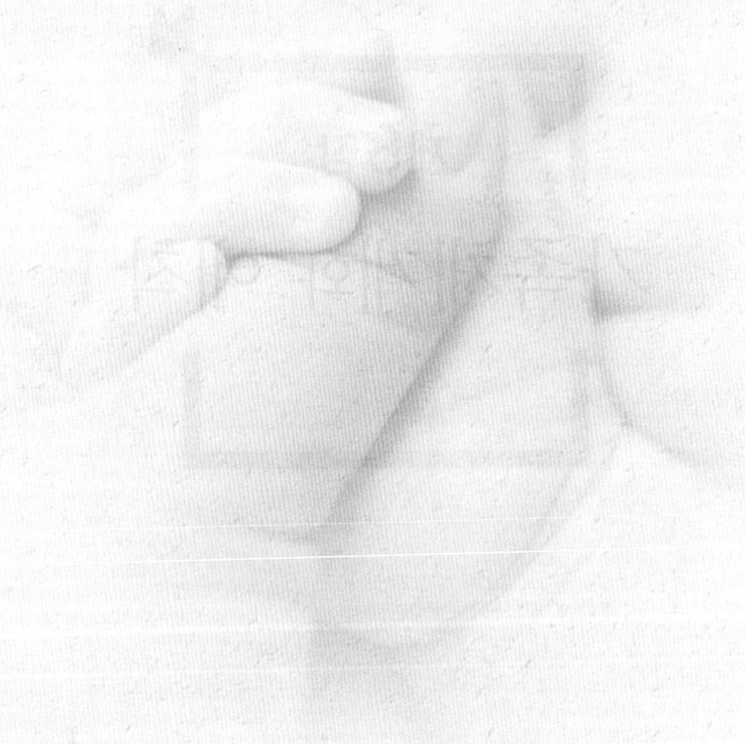

01 영아에게 영향을 주는 외적 환경

1 브론펜브레너의 생태체계

영아의 애착안정성에 가장 중요한 변인은 부모의 양육 태도이다. 볼비의 이론을 확장한 에인즈워스는 어머니의 양육 태도 중 특히 영아기에는 민감성이 안정애착에 결정적 요인임을 지적하고 있으며 많은 연구 결과가 이를 지지하고 있다. 그러나 어머니 양육의 민감성은 어머니 자신만이 아니라 여러 변인들에게서 영향을 받을 수 있다. 영아의 발달에서 영아와 엄마의 관계뿐 아니라 더 확대된 생태학적 환경의 영향을 살펴보아야 한다는 브론펜브레너(Bronfenbrenner, 1979)의 주장을 따른다면 영아의 애착에 영향을 주는 부모 양육의 민감성은 부모 자신만이 아니라 다른 환경적 요인을 살펴보아야 함을 뜻하는 것이다.

브론펜브레너에 의하면 영아의 발달에 영향을 주는 생태학적 환경은 그림에서와 같이 미시체계, 중간체계, 외체계, 거시체계와 시간체계로 나뉜다. 미시체계는 가장 안쪽에 있는 환경체계로 영아와 직접 상호작용을 하거나 영아가 활동하는 직접적인 환경을 말한다.

최근까지는 영아 발달에 있어 주로 미시체계에 관심을 가졌을 뿐 아니라 이러한 환경적 요인들이 영아에게 미치는 영향만을 강조해 왔다. 그러나 브론펜브레너는 미시체계에서 영아 발달을 이해하기 위해서는 영아와 미시체계 내의 환경적 요인들이 양방향적이고 상호교류적임을 주지해야 한다고 강조한다.

영아-부모 관계가 영아의 발달에 긍정적 영향을 미치게 될지 부정적 영향을 미치게 될지는 영아-부모 관계에 영향을 미치는 제3의 다른 사람이나 요인과도 관련이 있다. 예를 들어 부모가 서로의 양육 역할을 지원해 주고 격려해 준다면 각자 좀 더 효율적인 부모

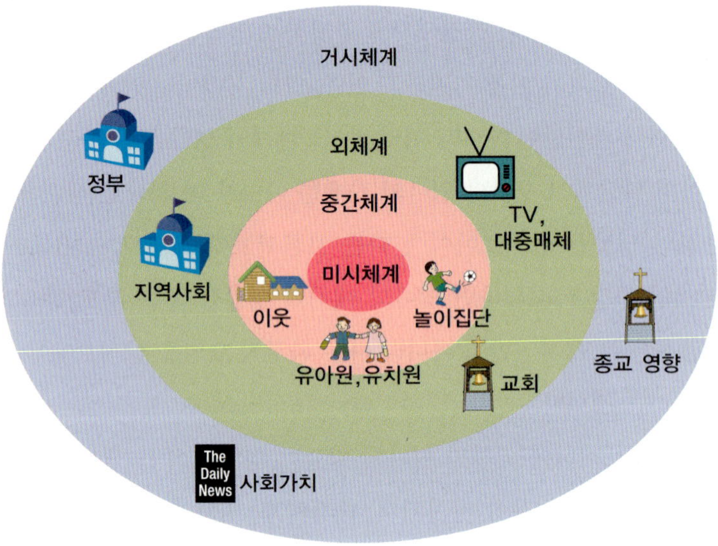

▶ 브론펜브레너의 생태학적 환경 체계

출처: Feldman R. S. (1998). Child Development. p. 10.

노릇을 할 수 있다. 그러나 서로 결혼생활에 만족하지 못하고 갈등을 가지며 일치하지 않은 양육을 한다면 영아의 발달에 부정적 영향을 줄 수 있다. 이와 같이 가족 구성원 간의 관계뿐 아니라 영아가 다니는 유아원과 가족은 상호작용해 영아의 발달에 영향을 주게 된다. 이러한 미시체계 내의 요인들 간 상호작용이 바로 중간체계가 된다.

외체계는 영아가 직접 포함되지는 않으나 영아의 경험에 영향을 주는 사회적 상황을 말한다. 예를 들어 부모의 직장, 지역사회의 복지 서비스 등과 같은 것을 들 수 있다. 예를 들어 부모의 근무시간이 유동적이라면 영아가 아플 때 근무시간을 조절할 수 있으므로 부모는 영아를 키우는 데 스트레스를 덜 받을 수 있고, 영아와 상호작용하는 데 긍정적으로 작용할 수 있다. 거시체계는 문화가 가지고 있는 가치, 신념, 법, 관습 등을 말한다. 이러한 거시체계에 포함되어 있는 가치관이나 관습 중에서 어느 것에 가치를 더 두느냐가 영아의 발달에 영향을 줄 수 있다. 자녀 양육의 질적 수준을 높여야 한다고 사회에서 말한다면 이 또한 영아의 발달에 직간접적으로 영향을 줄 것이다.

브론펜브레너에 의하면 환경은 영아에게 항상 일정하게 영향을 주는 정지된 상태가 아니라 역동적이며 끊임없이 변화한다. 아우의 출생, 어린이집 · 유치원 입학, 이사, 부모의 직장 변화 등 일상의 중요 사건들이 영아와 환경의 관계를 변화시키고 영아의 발달에 영향을 미치는 새로운 환경을 조성하게 된다. 또한 그런 환경 변화가 영아의 발달 시기 중 언제였느냐는 영아의 발달에 전혀 다른 영향을 줄 수 있다. 예를 들어 걸음마 시기에 아우를 본 것과 취학 후에 아우를 본 것은 그 영향이 전혀 다르다. 브론펜브레너는 이러한 시간적 차원을 시간체계라 했다.

이러한 브론펜브레너의 이론에 의하면 영아의 애착에 영향을 줄 수 있는 어머니의 영향은 미시체계 내의 요인들, 부모와 형제자매 같은 가족, 부부간의 관계나 가족과 영유아 보육기관과의 관계, 부부의 직장, 나아가 국가적 차원의 보육 지원 등 미시체계, 중간체계, 외체계, 거시체계 등의 여러 환경적 요인에 영향을 받을 수 있음을 알 수 있다.

2 가족체계

영아의 애착에 어머니가 미치는 영향이 빈 공간에서 이루어지는 것이 아니다. 어머니와 아버지 외에 가족 구성원들이 애착 대상이 될 수 있으며 또한 이들은 상호관계의 네트워크로 영향을 준다. 그림을 보면 어머니와 아버지 그리고 영아의 관계를 나타낸 것이 첫 번째로, 이들의 관계는 세 가지가 된다. 그러나 두 번째 그림은 형제가 하나 늘어난 경우로 이 경우에는 상호관계가 6이 된다. 네 번째는 가족 구성원이 하나 더 늘어 가족이 다섯 명인 경우이며 이 경우의 상호관계는 10이 된다. 이와 같이 가족 구성원이 늘어날수록

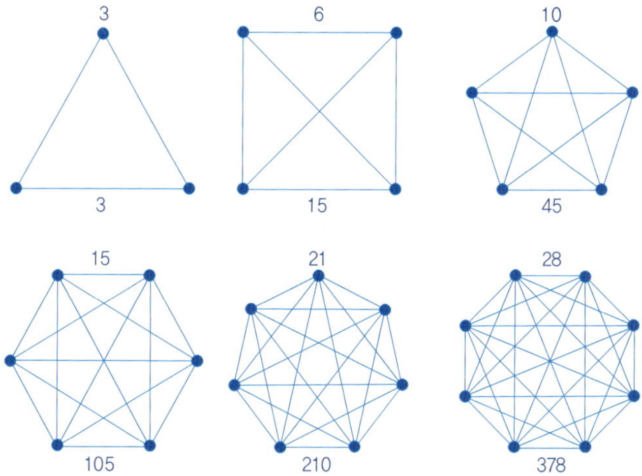

▶ 가족 구성원 수에 따른 가족의 상호관계
출처: Goldberg, s. (2000) p. 81.

상호관계는 매우 복잡하게 된다.

미시체계인 가정의 기능 중 특히 부모와 자녀의 관계를 잘 설명할 수 있는 하나의 이론적 접근이 체계이론(system theory)이다. 가족체계이론에서 가족이란 상호작용을 하는 체계를 이루고 있다(Parke & Buriel, 1998). 가족체계이론에서는 부모는 자녀에게 직간접적으로 영향을 주지만, 그 영향은 부모에게서 자녀에게로 일방적이지 않고 부모와 자녀가 서로 영향을 준다고 생각한다. 즉 영아도 부모에게 영향을 주어 부모의 행동, 태도, 흥미 등이 다시 영아에게 주는 영향을 변화시킨다.

가족은 이웃이나 학교, 종교기관과 같은 다른 사회체계와 연결된다. 이웃이 서로 우호적이며 신뢰할 수 있는 경우 서로 자녀의 보호와 지도에 도움을 줄 수 있다. 그러나 우호적이 아닌 경우 특별한 상황, 예를 들어 직장여성과 같은 경우 자녀를 위한 정보에 둔감하거나 정보를 얻지 못해 자녀에게 불이익을 줄 수도 있다.

체계이론에 의하면 가족은 다음과 같은 관점에서 보아야 한다(Bigner, 2006).

첫째, 가족은 독립적으로 행동하거나 작용하는 개개인의 단순한 집단이 아니라 전체성이라는 원리에 따라 작용한다. 가족집단이 어떻게 작용하는가를 이해하려면 가족은 반드시 전체적으로 고려돼야 한다. 이는 가정의 한 사람만 연구해서는 가족을 전체적으로 이해하기 어려움을 뜻하며 가정은 부분의 합보다 더 큰 힘을 발휘할 수 있음을 뜻한다.

둘째, 가족은 상호의존적이다. 그림과 같은 모빌의 모든 부분은 서로 연결되어 있어 어느 부분이 움직이면 다른 부분도 영향을 받아 정도는 약하나 모두 움직인다. 이와 같은 모빌의 움직임은 바로 가족 구성원의 상호의존성을 잘 설명하는 것이다. 예를 들어 자녀가 심하게 아프거나, 아버지가 승진해 직장을 옮기면 가족체계 안의 모든 구성원에게 영향을 준다. 변화가 바람직한 것이든 바람직하지 않은 것이든 가족체계 내의 한 구성원에게 직접적으로 준 변화는 가족 내 모든 구성원에게도 영향을 주며, 그러한 변화로 초래된 불균형을 회복하려고 노력하게 된다.

▶ 모빌

셋째, 일반적으로 하나의 가족체계 안에는 본보기와 귀감이 형성되어 있어 구성원들의 행동을 통제하고 다른 사람의 행동을 예견하게 한다. 모든 가정에 공통적인 일반적 지침이 되는 본보기나 귀감도 있으나 대부분 가정마다 독특한 본보기나 귀감이 있다. 대부분의 가정에 공통적인 것으로는 규칙, 역할, 의사소통이 있다.

규칙은 한 가정 안에서 어떤 행동이 수용되며 적절한 행동인가를 이해하는 일반적 근거가 된다. 규칙이 일관성 있게 적용되는 경우 위기 상황에서도 가정의 안정성을 유지하기 쉽다. 규칙의 종류로는 외현적 규칙과 내현적 규칙으로 나누어 볼 수 있다. 외현적 규칙이란 명백하게 설명되어 있어 가정의 모든 구성원이 알 수 있고 이해할 수 있는 것이다. 또한 그 규칙이 비효과적일 때 구성원들이 서로 의논해 수정할 수 있다. 내현적 규칙이란 언어로 표현되지 않고 비언어적 행동에서 유추되는 것이다. 내현적 규칙은 공개적으로 의논하지는 않지만 가족 구성원 모두가 알고 따를 것이 기대된다. 일반적으로 건강한 가족체계에는 외현적 규칙이 많고 내현적 규칙이 적다.

역할이란 어떤 특정 역할을 하는 사람에게 적합한 행동을 설정하는 것으로, 역할 또한 가족체계 내에서 수용되는 행동을 나타내고 가족체계의 기능을 통제하는 데 쓰인다. 어머니의 역할은 어머니는 어떠해야 한다는 가족 구성원들의 믿음에 따라 통제된다. 예를 들어 '어머니란 가정에서 집안일을 하고 아이들을 돌보아야 한다. 자녀의 역할은 부모님의 말씀을 잘 듣고 공부를 잘하는 것이다.' 등을 들 수 있다.

건강하지 않은 가정은 종종 내현적 규칙에 따른 내현적 역할을 내세운다. 그러한 가정은 스트레스를 어떻게 효과적으로 또는 건강한 방법으로 극복하는지 알지 못한다. 따라서 스트레스를 받고 있는 가정을 위해 가족 구성원 중 한 사람이 자발적으로 또는 알지 못하면서 특별한 역할을 한다. 예를 들어 부모의 결혼생활이 불행한 경우 자녀 중 한 아동이 희생양이 되어 정서적으로 문제를 나타내거나 비행아가 된다.

의사소통 또한 가족체계 내에서 구성원들 간의 상호관계와 밀접하게 관련된다. 대부분의 가족에서 찾을 수 있는 의사소통은 언어적, 비언어적, 맥락적 의사소통을 들 수 있다. 비언어적 의사소통은 언어적 의사에 목소리의 높낮이, 표정, 몸짓, 손짓 등을 말한다. 맥락적 의사소통은 언어적 의사소통과 비언어적 의사소통이 어디에

가족의 규칙 예

[외현적 규칙]

1. 예의
   - 입안에 음식을 넣고 이야기하지 않는다.
   - '고맙습니다.', '죄송합니다.' 등의 말을 한다.
   - 다른 사람이 이야기할 때에는 끼어들지 않는다.
2. 정서적 표현
   - 정서적 표현은 하되 다른 사람에게 해가 되어서는 안 된다.
   - 모든 사람이 그 자신만의 감정과 생각이 있음을 인정한다.
3. 상호작용
   - 다른 사람이 이야기할 때 그의 이야기를 듣고 있음을 나타내 준다.
   - 다른 사람이 잘못했을 경우 그를 조롱하거나 비난하거나 비웃지 않는다.

[내현적 규칙]

1. 예의
   - 자녀는 어떤 일이 있어도 부모와 어른들을 공격해서는 안 된다.
   - 어른들이 이야기할 때, 특히 다른 사람 앞에서 말대꾸를 해서는 안 된다.
2. 정서적 표현
   - 화를 내거나 두려움을 느끼는 것은 잘못이다. 그러한 감정은 절대로 다른 사람에게 나타내서는 안 된다.
   - 강하고 지적이며 매력적인 사람이 되어야 한다.
3. 상호작용
   - 항상 진실만 이야기해야 한다.
   - 집안의 일을 다른 사람에게 이야기하지 않는다.

서 어떠한 상황에서 이루어지는가를 말한다.

넷째, 가족 구성원은 서로 상호작용을 하고 피드백을 준다. 체계 이론에서는 한 사람의 행동이 자극으로 작용하면 그것은 다른 사람의 반응을 일으키게 되고, 또 그것은 다른 사람의 반응을 일으키는 자극이 된다. 즉 가족 구성원의 행동은 구성원들 간의 상호작용을 유지하게 하는 자극과 피드백이 된다. 예를 들어 자녀가 "엄마가 나를 어린아이로 취급하기 때문에 나는 어린아이같이 행동해요."라고 한다면 부모는 "네가 어린아이같이 행동하니까 어린아이 취급을 한다."라고 대답한다. 그러나 이는 가족체계에서 본다면 '엄마가 나를 아이로 대우하니까 나는 아이처럼 행동한다. 이것은 나로 하여금 더 어린아이처럼 행동하게 하고, 그것은 엄마가 나를 계속 더 어린아이처럼 대하게 한다.'는 것이 된다.

다섯째, 각 가족은 경계선이 있다. 경계선은 한계를 설정해 한 가족체계를 다른 가족체계와 구별하고 한 가족체계 내의 구성원을 구별한다. 이것은 추상적이고 심리적인 것으로, 특정 미시환경 안의 사람들이 만든 외현적 규칙과 내현적 규칙, 그리고 미시환경 안 사람들의 역할을 토대로 이루어진다.

각 가족은 그림과 같이 융통성이 있는 경계선을 갖거나 엄격한 경계선을 갖는다. 융통성 있는 경계선을 갖는 가족은 개방적 가족체계로서 새로운 정보를 받아들이는 데 개방적이며 변화를 잘 수용한다. 기본적으로 건강한 가족은 개방적 가족체계를 갖는다. 그러나 경계선이 엄격한 폐쇄적 가족체계는 가족체계 내의 변화를 가져

▶ 가정체계의 경계선

오는 외부 정보의 유입을 허용하지 않는다. 또한 변화는 건강한 것으로 받아들여지지 않고 거부된다. 폐쇄적 가족체계 안에서는 구성원들 간의 개인적 경계선이 뚜렷하지 않다. 그러나 건강한 가족체계에서는 매우 높은 수준의 친밀감을 유지하면서도 가족 구성원 개개인을 구분하는 경계선을 갖는다. 이러한 가족은 구성원 간의 불안을 일으키지 않으면서도 개개인의 차이를 인정한다.

여섯째, 모든 가족체계는 기능과 행동에 영향을 주는 목표가 있다. 예를 들어 부모-자녀라는 미시환경의 최종 목표는 자녀가 효과적으로 기능을 하는 성인이 되도록 키우는 것이다. 그러나 사회의 각 가족체계는 이러한 목표를 다양한 방법으로 달성한다.

일곱째, 가족체계는 내외 사건과 변화에 끊임없이 도전을 받으며, 이러한 변화에 적응하기 위해 본보기, 귀감을 재구성한다. 예를 들어 아기를 처음 가진 부부가 경험이 없는 상태에서 그 나름대로 규칙을 정했을 것이나 아기를 양육하면서 더 현실적인 것으로 변화시키고 조종한다. 만약 융통성 없이 규칙을 고수한다면 적절하게 기능할 수 있는 가족체계가 되지 못한다.

이러한 가족체계이론에 의한다면 애착은 영아 한 개인만을 살펴보아서는 완전히 이해될 수 없음을 알 수 있다. 또한 어떠한 애착관계도 구체적 기능(서로의 보호)을 달성하기 위한 상호 통제의 목표수정 행동체계로 보아야 하며, 나아가 애착은 다른 체계와 동시에 작동하는 유대라는 점에서 보아야 함을 알 수 있다.

02 가족 구성원과 애착

1 아버지와 애착

우리가 앞에서 살펴보았듯이 가족체계에는 어머니만 있는 것은 아니다. 영아는 어머니를 비롯해 모든 가족 구성원과 상호작용한다. 그러나 최근까지는 모든 양육과 보호의 책임을 어머니에게 돌려 영아의 발달에 관해서는 주로 어머니가 그 연구 대상이 되었다. 그러나 사회변화로 어머니가 사회에 진출하는 기회가 많아져 어머니만 주 양육자라는 생각에 변화가 오고 있다.

어머니가 주로 양육을 담당했을 때 영아가 처음 애착을 형성하는 대상은 어머니라는 점에서는 모두가 동의한다. 그러나 애착은 어머니뿐만 아니라 다른 사람에게도 가질 수 있다는 점도 모두 동의한다. 볼비도 애착형성 대상에 대해 주 양육자라는 표현을 사용하고 있는데, 이는 애착 대상이 어머니뿐만 아니라 다른 대상도 가능함을 시사한 것이라 볼 수 있다.

아버지에 대한 많은 연구들은 소수의 아버지만이 영아의 주 양육자 역할을 수행하며, 영아가 깨어 있는 시간에 함께 있는 경우가 어

▶ 아빠와의 놀이에 신나는 영아

▶ 아빠와 그림책을 보는 영아

머니보다 더 적지만, 어머니보다 책을 더 읽어 주거나 텔레비전을 같이 보며 영아를 돌보는 일보다는 영아와 놀이를 더 한다고 보고하고 있다. 어머니와 아버지가 유사한 활동을 영아와 같이 해도 상호작용에 질적인 차이가 나타난다. 예를 들어 어머니는 영아를 각성상태를 줄이고 안정시키고자 하는 노력을 많이 하는 반면 아버지는 영아와 즐거운 놀이활동을 더 한다. 이러한 모든 사항을 요약한다면 아버지는 보호자, 양육자가 아니라 놀이 대상으로서 역할을 더 하며 애착 대상으로서 역할을 할 기회를 어머니보다 적게 갖는 것으로 보인다.

그렇다면 아버지는 영아의 애착 대상이 될까? 오늘날 사회의 변화는 전통적으로 영아의 양육을 어머니가 전담해야 한다는 사고에 변화를 가져와 많은 젊은 아버지들이 육아에 직간접적으로 참여하고 있다. 부모-자녀 관계에서 보호자의 측면이 영아의 애착 대상이 되는 데 중요하다면, 아버지가 영아의 애착 대상이 되기는 쉽지 않다. 그러나 아버지 또한 영아의 애착 대상이 되는 것으로 알려져 있다. 애착에 관한 초기 연구(Schaffer & Emerson, 1964)에서도 연구자들은 어떤 영아들은 최초의 애착 대상이 어머니가 아니라 다른 사람이었다고 보고했다. 대부분 이 사람은 아버지였다. 이렇게 초기 연구들이 어머니가 아니라 애착 대상으로서 아버지에 대한 연구를 하게 된 것은 어머니-영아의 관계가 영아의 삶에서 가장 중요하며 모든 후속관계의 전형(prototype)이라고 하는 주장을 제거하려 했다.

에인즈워스의 낯선 상황과 유사한 상황을 만들어 영아의 어머니와 아버지의 애착관계를 살펴본 초기 연구 중 하나가 밀턴 코텔척(Milton Kotelchuck, 1976)의 것이다. 연구자는 에인즈워스의 낯선 상황보다 조금 더 확장된 절차에서 분리와 재결합에 대한 영아의 반응을 토대로 영아의 어머니와 아버지에 대한 애착행동을 관찰했다. 그는 남아와 여아 각각 12명씩을 6개월, 9개월, 12개월, 18개월, 21개월이 되었을 때 관찰을 했다. 연구자는 애착유형을 분리하는 데 관심을 가진 것이 아니라 어머니, 아버지, 낯선 이가 들어왔을 때와 나갔을 때 영아의 뚜렷한 행동을 살펴보고자 했다. 따라서 연구자는 각각이 나가고 들어올 때 놀이나 우는 행동의 변화만이 아니라 그들이 돌아왔을 때 각 성인과의 접촉을 조사했다. 모든 영아에게 가장 큰 차이는 어머니와 낯선 이에 대한 행동 차이였으며 아버지에 대한 행동은

어머니-아버지-낯선 사람 실험 관찰 에피소드 순서

에피소드	실험 상황에 남아 있는 사람	
	순서 1	순서 2
1	어머니와 아버지	어머니와 아버지
2	어머니	아버지
3	어머니와 낯선 사람	아버지와 낯선 사람
4	낯선 사람	낯선 사람
5	낯선 사람과 아버지	낯선 사람과 어머니
6	아버지	어머니
7	아버지와 어머니	어머니와 아버지
8	아버지	어머니
9	아버지와 낯선 사람	어머니와 낯선 사람
10	낯선 사람	낯선 사람
11	낯선 사람과 어머니	낯선 사람과 아버지
12	어머니	아버지
13	어머니와 아버지	아버지와 어머니

이들의 중간에 있었다. 아울러 아버지와 어머니에 대한 행동은 비슷했으며 낯선 이에 대한 행동과는 차이가 있었다. 이러한 관찰은 영아의 초기 대인관계의 선호가 단순하다는 모델을 반박하는 데 쓰였다.

또 다른 연구(Main & Weston, 1981)에서는 낯선 상황을 이용해 영아 44명을 대상으로 어머니, 아버지와의 애착을 알아보았다. 결과를 보면 연구 대상 영아 중 안정애착을 형성한 영아는 33명이었는데, 이 중 어머니와 아버지 모두에게 안정애착을 형성한 영아가 12명, 어머니에게만 안정애착을 형성한 영아가 11명, 아버지에게만 안정애착을 형성한 영아가 10명이었다. 그리고 나머지 영아 중 부모 모두에게 불안애착을 형성한 영아가 11명이었다. 이 연구 결과는 한쪽 부모에게 안정애착을 형성했다고 다른 쪽 부모에게 안정애착을 형성했다고 이야기할 수 없음을 시사한다. 그러나 부모 모두에게 안정애착을 형성한 영아는 자신감이나 타인과의 공감능력에서 높게 평정되었다. 뿐만 아니라 이들은 사회적으로 매우 활발히 반응했으며 부정적 정서가 낮게 나타났다. 한쪽 부모와 안정애착을 형성한 영아는 부모 모두와 안정애착을 형성하지 못한 영아보다는 더 반응을 잘했으며 부정적 정서 표출이 적었다.

그러나 최근의 연구들은 메리 메인(Mary Main)과 동료들의 연구 결과와 달리 한쪽 부모에게 형성한 애착으로 다른 쪽 부모의 애착을 예측할 수 있다는 보고도 있다. 아울러 공통적으로 지적되는 것은 영아가 아버지보다 어머니와 먼저 애착을 형성한다는 것이다. 아마도 이는 아버지가 애착 대상이 된다면 아버지는 영아와 보내는 시간이 제한되어 있어 애착 발달이 서서히 이루어지기 때문일 것이다.

그렇다면 아버지의 어떠한 특성이 영아의 애착형성에 영향을 줄까? 한 연구(Cox, Owen, Henderson, Margand, 1992)를 보면 어머니는 상호작용의 질과 영아와 보낸 시간의 양이 영아와 안정애착을 예측하는 변인이었지만 아버지의 경우는 놀이에 대한 아버지의 기대와 태도가 영아와의 관계 질을 예측하는 데 더 중요한 것으로 나타났다. 또 다른 연구(Grossmann, Fremmer-Bombik, Kindler, Scheuerer-Englisch, & Zimmermann, 2002)에서도 아버지가 영아를 돌보아 줄 때 양육의 민감성보다 영아의 탐색행동을 촉진시키는 놀이 상황에서의 민감성이 영아가 아버지와 안정애착을 형성하는 데 중요한 변인이라 지적하고 있다.

이러한 연구 결과를 요약하면 영아는 아버지와 안정애착을 형성하나 일반적으로는 어머니가 주 양육자일 경우 어머니와의 애착형성 이후에 아버지와 애착이 형성되며, 아버지와 안정애착형성에는 영아와 놀이를 할 때 아버지의 행동이 중요함을 알 수 있다. 우리나라에서는 최근 아버지 애착의 세대간 전이, 즉 아버지의 애착유형에 따른 자녀의 애착유형을 알아본 결과(옥정, 2012) 애착을 안정, 불안으로 나누었을 때 아버지와 자녀의 애착유형의 일치율이 66.7%로 나타나 어머니처럼 아버지도 애착의 세대간 전이가 이루어짐을 확인했다.

2 형제자매와 애착

가족체계에서 둘째의 출생은 가족관계에 커다란 변화를 가져오는 요인이다. 오직 첫째에게만 주었던 자녀 양육 자원을 두 아이에게 나눠 주게 된다. 일반적으로 어머니는 둘째의 양육에 더 많은 시간을 보내게 되고, 아버지가 첫째에 대한 책임이나 관여를 더 많이

하게 된다. 아우의 출생으로 첫째에게 일어나는 여러 행동적 변화는 어머니가 첫째에게 얼마나 준비를 시켰는가, 첫째와 어머니의 상호작용의 질, 첫째의 성과 나이 등에 따라 다르다. 그렇다면 애착은 어떠할까?

한 연구(Teti, Sakin, Kucera, Corns, 1996)에서는 아우를 보게 될 194명의 1세에서 5세 사이의 유아를 첫 번째 방문하고, 두 번째 방문은 이들이 아우를 본 지 4~8개월이 되었을 때 방문해 애착 Q-set로 애착을 알아보았다. 결과를 보면 처음 방문 때와 두 번째 방문 때의 애착안정도는 상관이 있었으나, 애착의 안정도 평균이 아우의 출생 이후 감소된 것으로 나타났으며, 안정도의 감소는 첫째가 두 살보다 많은 경우 더 심했다. 두 방문 모두 애착의 안정도는 어머니와 첫째의 애정적 참여와 관련되었다. 어머니의 애정적 참여도가 클수록, 그리고 어머니의 결혼 조화가 높을수록 안정애착점수가 높았다. 이 연구 결과는 아우의 출생이 첫째의 애착에 변화를 줄 수 있는 요인임을 시사하는 것이다. 아울러 이 연구에서는 어머니가 아우의 출생에 대해 첫째에게 준비를 시키는 것과 부모의 반응 변화에 대해 첫째가 갖는 혼란이 첫째의 애착조직에 변화를 초래하는 요인이 될 수 있다고 보고했다. 이 밖에 아우의 출생으로 생긴 침실의 변화, 양육자가 바뀌는 변화 등도 영향을 주는 요인이 된다.

애착이론가들은 첫째와의 애착 경험이 둘째를 돌보는 부모의 능력에 영향을 줄 수 있다고 본다. 애착의 내적 실행모델은 영아와 부모의 역할뿐 아니라 보호자와의 관계를 표상한다. 따라서 아동이

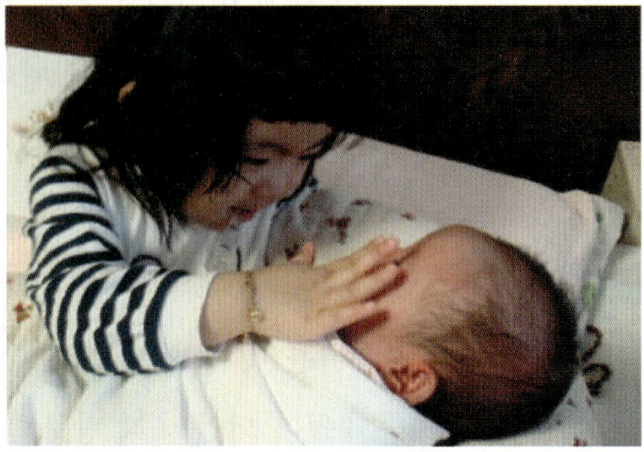

▶ 동생을 본 영아

성장하면서 이들은 자신이 경험했던 것과 같은 보호행동을 하게 한다. 아동은 자신의 보호자가 제공했던 행동모델을 따라 어린 가족 구성원을 포함해 다른 사람에게 어떻게 행동해야 하는지 배운다. 안정애착을 일으키게 하는 보호를 경험한 아동은 비슷한 보호를 형제들에게 더 제공할 수 있다. 나아가 자신이 불안할 때 부모가 있어서 형성되었던 확신은 새로운 동생의 출생이 자기 복지에 위협이라고 생각하는 정도에 영향을 주게 된다. 즉 부모의 가능성에 대한 확신이 없는 아동은, 다시 말하면 불안애착을 형성한 아동은 새로운 동생의 출생에 대해 더 부정적으로 반응하게 된다.

첫째의 애착이 얼마나 동생의 보호행동에 영향을 줄 것인가에 대한 연구는 많지 않다. 그러나 한 연구(Bosso, 1985)를 보면 안정애착을 형성한 첫째는 동생에게 더 긍정적 행동을 하며 부정적 행동을 적게 하는 것으로 나타났다.

다른 연구(Teti & Ablard, 1989)에서는 두 살에서 일곱 살 사이의 첫째와 둘째로 한 살에서 두 살 사이의 형제가 있는 아이들이었다. 각 아동의 애착행동이 측정되었을 뿐 아니라 형제에 대한 애착행동도 평가되었다. 실험실에 오기 전 어머니가 큰 자녀에 대해 애착 Q-set를 했다. 첫 번째 실험실 방문은 엄마와 동생만 와서 낯선 상황에 참여했고 어머니는 다시 큰아이에 대한 애착 Q-set를 했다. 두 번째 실험실 방문은 두 아이 모두 어머니와 같이 와서 형제간의 상호작용만이 아니라 어머니의 두 자녀에 대한 행동도 관찰되었다. 이 두 번째 실험 상황은 낯선 상황과 비슷하게 8개의 에피소드로 구성되어 있는데, 표와 같이 처음에는 낯선 상황에 두 자녀와 어머니가 있는 에피소드, 다음에는 어머니가 한 자녀에게 관심을 주고 다른 자녀에게는 혼자 놀이를 하도록 지시하는 에피소드, 어머니가 방을 나가고 자녀들만 남게 되는 에피소드, 낯선 이가 들어와 아이들과 있는 에피소드, 낯선 이가 큰아이를 데리고 나가 어린 아이만 혼자 있는 에피소드, 어머니가 들어오기 전 큰아이가 들어와 형제가 같이 있는 에피소드로 큰아이의 어린 동생에 대한 반응을 관찰할 수 있는 기회를 주는 에피소드, 그리고 마지막은 어머니가 들어오는 에피소드로 구성되어 있었다.

결과를 보면 안정애착 점수가 높은 큰아이들은 어린 동생이 불안해할 때 더 동생을 위로하고 안정시키려 했다. 그러나 불안애착을 형성한 큰아이들은 동생이 아주 심하게 불안해할 때만 동생을 위로하려 했다. 안정애착에서 높게 평가된 큰아이들일수록 혼자 동생과

애착에 관한 형제 연구의 에피소드

에피소드	참여자	에피소드 설명
1	어머니와 형제	warm-up
2	어머니와 형제	어머니가 한 자녀에게 관심을 주면서 다른 자녀에게는 혼자 놀라고 지시함
3	어머니와 형제	어머니가 다른 자녀에게 관심을 줌
4	형제	어머니가 실험실을 나감
5	낯선 이와 형제	낯선 이가 들어와 반응을 함. 그러나 아이와 접촉을 시도하지는 않음
6	어린 아이	낯선 이가 큰아이를 데리고 나감
7	형제	큰아이가 들어옴
8	어머니와 형제	어머니가 들어옴

같이 있게 되어도 덜 불안해했다. 어린 동생들은 모두 직접적으로 자신의 형제에게 애착행동을 보이지는 않았으나 큰아이가 안정애착을 형성한 아이일수록 애착행동을 보이는 경향이 있었다. 어머니와 안정애착을 형성한 동생일수록 엄마가 큰아이한테 관심을 가져도 항의하지 않았으나 큰아이의 경우는 이런 차이가 없었다. 이런 결과는 큰아이가 동생을 보살피는 행동은 어머니에 대한 애착에 따라 영향을 받을 수 있다는 주장을 지지하는 것이며, 어린 동생이 형제에게 보이는 애착행동은 큰아이의 애착 상태를 반영하는 것이라는 점도 나타낸다고 볼 수 있다.

3 결혼관계

가족체계 안의 두 구성 요소인 아버지와 어머니의 결혼관계는 애착과 어떠한 관계가 있을까?

먼저 부부의 애착유형에 따라 이들의 결혼관계의 질에 차이가 있음이 지적되고 있다(Kobak & Hazen, 1991). 이들에 의하면 부부가 모두 안정애착을 형성한 경우 불안정애착 유형의 배우자와 결합한 경우보다 부부간의 상호작용에서 더 건설적으로 문제를 해결하는 것으로 나타났다. 또한 부부 모두가 안정애착일 경우 어느 한쪽이 불안애착인 경우보다 더 애정적이며 언어적 폭력도 적었다. 안정애착이 높은 결혼생활은 더 긍정적으로 행동하며, 친밀감이 더 높으며, 결혼생활에 문제가 적은 것으로 나타나고 있다. 우리나라 연구들(김광은, 2005; 석지은, 2008; 한혜영, 2005)에서도 부부의 불안애착 차원이 높은 경우 결혼만족도가 낮으며, 정서적 의사소통, 공격행동, 공유 시간 갈등, 경제적 갈등, 성적 불만족 등에서 안정애착 유형 부부보다 더 문제를 갖는 것으로 나타났다.

이와같이 부부의 애착 유형이 이들의 생활에 영향을 준다면 자녀와의 상호작용에는 어떠한 영향을 줄까? 일반적으로 부모는 자녀에게 비슷한 형태의 반응을 보여 서로의 자녀 양육에 영향을 주는 것으로 알려져 있다. 부부는 자녀 양육에 대해 종종 의논하고, 자녀 양육과 관련된 경험을 나누며, 서로를 관찰하면서 비슷한 양육을 할 기회가 많음은 사실이다. 어머니가 자녀와 보내는 시간이 많기 때문에 아버지가 어머니로부터 정보를 받는 일이 어머니가 아버지에게서 정보를 받는 일보다 많다. 그러나 이들의 행동 형태는 비슷하기보다는 상호보완적이라 할 수 있다. 나아가 이들의 결혼관계는 부모에 대한 자녀의 안정애착을 지지해 주는 요인이라 생각된다. 그러나 실제로 부모의 결혼만족도와 자녀의 애착관계를 알아본 연구는 많지 않다. 한 연구(Lewis, Owen & Cos, 1988)를 보면 12개월이 된 여아의 경우 부모의 결혼생활이 잘 이루어진 경우 그렇지 않은 경우보다 안정애착이 더 이루어진 것으로 나타났다. 그러나 남아의 경우에는 차이가 없었다. 걸음마기의 영아를 대상으로 한 다른 연구에서는 부모의 결혼적응도가 낮은 경우 한쪽 부모, 또는 부모 모두에게 불안애착을 보이는 것으로 나타났다. 이와 같이 부모의 결혼관계가 자녀의 애착에 영향을 줄 것이라는 기대가 있으나, 이에 대한 연구 결과는 일치를 보이지 않고 있다.

03 가족 이외의 요인과 애착

1 어머니의 취업과 애착

영아의 애착형성에 어머니가 무엇보다 중요함은 주지의 사실이다. 영아의 안정애착형성에 어머니의 중요성은 이미 5장에서 살펴보았으나 여기에서는 어머니의 취업이 영아의 애착형성에 미치는 영향을 살펴보고자 한다.

일반적으로 어머니의 취업이 취학 전 유아나 아동들에게는 여러 긍정적 영향이 있다는 연구 결과들이 있으나 영아에 대해서는 어머니의 취업이 주는 장점 또는 긍정적 영향에 대해 확신이 어렵다. 그렇다 해도 세계적으로 어머니의 취업은 늘어가는 추세다.

어머니가 집 밖에서 보내는 시간이 많을수록 영아는 어머니와 함께할 시간이 적다. 이런 경우 애착 관련 상황이 어머니가 항상 집에 있는 것보다 적다. 또한 어머니가 항상 집에 있는 경우보다 어머니가 취업해 정규적으로 출퇴근을 하는 경우 영아와 어머니의 분리와 재결합이 자주 일어나게 된다. 그러나 후자의 경우 분리와 재결합이 예측 가능하게 된다.

영아가 어머니와 함께하는 것이 이렇게 차이가 있는 경우 영아에게 어떤 영향을 줄까? 일반적인 가정은 어머니가 늘 주변에 있지 않아 어머니가 없고 자주 분리가 이루어지면 영아는 어머니가 자신이 필요로 할 때 없으며 반응적이 아니라고 보아 불안애착을 형성할 가능성이 높으리라는 것이다.

다른 가정은 규칙적으로 일어나는 어머니와의 분리와 재결합이 영아가 분리는 일시적이며 어머니가 항상 돌아온다는 것을 학습하여 이러한 경우 낯선 상황에서 잠시 분리되는 것은 애착행동을 확실하게 작동하게 하지는 않을 것이라는 것이다. 만약 대리모의 양육 유형이 어머니의 양육 유형과 같을 경우, 영아의 성인 행동에 대한 표상모델을 좀 더 일반화하게 한다. 따라서 부모에 대한 애착과 유사한 애착 유형이 대리모에게도 나타날 수 있다.

정규적으로 대리모를 사용할 경우 어머니의 애착에 전혀 영향을 주지 않는다. 정기적으로 일하는 어머니는 주말과 저녁에는 항상 영아와 함께한다. 이 경우 영아가 어머니에게 첫 애착을 충분히 형성할 수 있다. 아무리 친척이나 다른 좋은 대리모가 있다고 해도 영아의 정서적 관여는 부모와 다르다. 보육원에서는 보육교사, 또는 보모 한 명이 몇 명의 영아를 돌보며 보육교사가 자주 바뀌는 일이 많다. 따라서 한 영아에게 일관된 관심을 줄 수 없다. 이러한 일관성의 결여나 관심의 차이를 영아는 간파하며 어머니가 하루 종일 자신과 함께하지 않더라도 바로 첫 애착이 부모에게 이루어지게 되는 것이다(Goldberg, 2000).

2 전문적 보육과 애착

영아를 돌보는 전문적 양육자를 부모가 고용하는 경우 또는 어린이집에 다니는 경우, 영아는 자신을 돌보아 주는 대리모나 보육교사와 관계를 형성한다. 이러한 관계가 애착관계일까? 그렇다면 부모와의 애착관계에 영향을 주는 요인들이 이들의 관계에도 영향을 줄까? 부모와의 애착관계의 질과 전문가와 맺는 애착관계의 질에 차이가 있을까?

많은 연구들이 영아가 부모만이 아니라 가족 구성원이 아닌 보호자에게 애착을 형성함을 보고하고 있다. 한 연구(Goossens & van IJzendoorn, 1990)에서는 어머니, 아버지, 전문 보육자를 대상으로 75명의 영아를 관찰했다. 이들 부모는 일주일에 15시간 이상 일하는 사람들이었다. 관찰은 영아가 한 돌일 때부터 6~7개월 사이에 이루어졌다. 낯선 상황에서 관찰을 하기 전 각 애착 대상이 영아의 행동에 대해 얼마나 민감하게 반응하는가에 대한 자료를 얻기 위해 각각 관찰이 이루어졌고, 전문 보육자에게 영아가 어린이집에서 한 경험에 대한 정보를 얻기 위해 설문지를 실시했다.

세 양육자에 대한 애착 유형의 분포는 전체적으로 비슷했다. 대다수는 안정애착이었고, 그 다음 많은 집단이 회피애착이었으며 저항애착은 소수였다. 또한 28%의 영아는 세 사람 모두에 대해 안정애착을 형성했고, 43%의 영아는 두 사람에 대해 안정애착을, 20%

는 한 사람에 대해 안정애착을 형성했으며 9%의 영아는 세 사람 모두에게 불안애착을 형성했다. 아버지와 어머니에 대한 애착행동에는 일치되는 바가 많았으나 보육교사에 대한 애착행동은 아버지나 어머니에 대한 애착행동과는 다른, 독립적인 것이었다. 전문 보육교사와 보내는 시간이 많을수록, 그리고 보육교사의 나이가 어릴수록, 그리고 보육교사가 민감할수록 안정애착을 형성했다.

또 다른 연구(Howes & Hamilton, 1992)에서는 걸음마기와 유아기의 유아를 대상으로 보육교사에 대한 애착은 Q-set로, 부모에 대한 애착은 낯선 상황 실험과 Q-set로 알아보았다. 대상 아동들 중 85%는 어린이집에 다녔지만 유아기에는 100% 어린이집에 다닌 유아들이었다. 결과를 보면 부모에 대한 안정애착 점수가 교사에 대한 안정애착 점수보다 의미 있게 높았으나 애착 유형의 분포는 부모나 교사 모두 비슷했다. 75%의 유아들이 부모나 교사 모두에게 안정애착을 형성한 것으로 나타났다. 교사에게 안정애착을 형성한 것으로 분류된 유아를 보면 교사에게 불안애착을 형성한 것으로 분류된 유아들보다 교사에게 집중적이고 섬세한 관심을 받은 것으로 나타났다. 또한 애착 유형의 분류는 동일한 교사와 지속적으로 같이 있게 되는 경우 유지되는 경향이 있었다.

우리나라에서 이루어진 연구(양애경, 2006)에서도 유아의 어머니에 대한 애착안정성과 교사에 대한 애착안정성에 차이가 없는 것으로 나타났으며, 어머니에 대한 애착과 교사에 대한 애착은 독립적인 것으로 지적하고 있다.

이외에 여러 연구들을 종합하면, 영아는 전문적인 보육자와 애착을 형성하며 이들에 대한 애착은 부모에 대한 애착에 영향을 주는 요인, 예를 들어 보호의 질, 일관성 등과 비슷함을 알 수 있다. 또한 대부분의 연구가 부모에 대한 영아의 애착과 전문적 보육자와의 애착은 독립적인 것으로 지적하고 있다.

제9장

애착과 건강

01 정신건강과 애착

초기 부모와 자녀의 관계는 성격발달에 핵심적 요인이라는 점은 널리 알려진 사실이다. 나아가 영아기 양육자에 대한 안정애착이 사회성이나 부모에 대한 순종, 효과적인 정서통제와 밀접히 관련된다고 보고하는 연구들도 많다. 반면 영아기에 형성한 불안애착은 유아기와 학령기의 또래 관계, 화, 자아통제에 대한 문제행동 등과 관련된다는 점도 여러 연구들이 지적하고 있다.

사회적 대인관계는 아동기의 정신 병리에 영향을 주고 또 영향을 받는다. 대상관계이론가(object relations theorists: Mahler, Pine, Bergman, 1975)나 정신분석이론가(Freud, 1965)들은 아동의 초기 그리고 가장 밀접한 대인관계가 정신건강과 질병의 발달에 커다란 영향을 준다고 가정한다. 볼비는 정신 병리에 대해 관심이 있었으나 초기 애착연구는 정상적 영아의 발달에 관한 것이 주였다. 그러나 지난 20여 년 동안 애착이론가들은 아동의 가장 가까운 대인관계와 여러 행동장애 발달의 관계에 대해 연구하기 시작했다. 이들은 영아기를 지나 애착이 이후의 여러 발달에 기여하고 있으며 이 중 하나가 부정적 정서, 예를 들어 불안, 화, 슬픔 등을 통제하는 것으로,

이는 일생에 걸쳐 여러 형태의 정신 병리에 중요한 역할을 한다고 보고한다(Chaplin & Cole, 2005; Izard, Youngstrom, Fine, Mostow, & Trentacosta, 2006).

1 애착과 행동문제의 관계

애착과 행동문제는 어떤 관계가 있을까? 몇몇 학자들(Goldberg, 2000; Deklyen & Greenberg, 2008)의 주장을 요약하면 다음과 같은 가설을 설정할 수 있다. 첫째, 불안애착은 행동문제에 대한 취약성을 높인다. 둘째, 서로 다른 불안애착 유형은 각각 다른 장애에 취약성을 높인다. 후자는 에인즈워스와 동료들의 애착 유형 각각은 발달에 다른 통로를 제공한다는 모델을 지지하고 있는 것이다. 볼비(1973)에 의하면 회피애착 아동이 양육자의 반응 없고 강제적인 행동에 대해 화를 내는 것은 스트레스를 주는 상황에서 양육자의 접근을 감소시켜, 아동이 오히려 화를 부모에게 내지 않고 환경에 발산하게 한다. 초기 회피애착을 형성한 아동들은 양육자가 자기 감정을 무시했던 경험을 통해 다른 사람들을 신뢰할 수 없다는 생각을 하게 된다. 이들은 성장하면서 다른 사람들도 자신에게 관심이 없다고 가정하고 그들이 자신을 대하는 태도에 대해 과장되게 행동한다. 나아가 충족되지 않은 애착욕구 때문에 생긴 좌절감으로 화가 나게 되며 적대적이고 공격적인 행동을 하게 되며 이를 부모가 아니라 다른 사람에게 낸다. 이러한 회피애착은 외면화 문제, 예를 들어 다른 사람에게 불편함을 주고 방해를 하는 행동인 화, 품행 장애, 범죄행동과 관련되리라는 것이다(Cassidy & kobak, 1988).

스러프(1983)도 회피애착과 불안저항애착 영아 모두 외면화 행동문제를 일으키나 이들의 행동과 표현은 서로 다르다고 보았다. 회피애착 아동은 적대적이고 반사회적이며 내면의 화를 화나게 하는 대상에게 직접 표출하지 않고 거짓말이나 비난, 그리고 다른 사람에 대한 무관심으로 나타내는 반면 불안-저항애착 아동은 쉽게 자극을 받고 충동적이며 안절부절못하고 주의집중이 짧고 좌절감의 역치가 낮다. 이 두 유형 모두 공격적이지만 공격성의 이유는 다르다.

다른 학자들(Rubin et a., 1991)은 회피애착아동이 불안-저항애착 아동보다 취학 전 연령에서는 더 파괴적인 행동을 할 가능성이 있다고 한다. 또한 회피애착과는 달리 불안-저항애착 아동은 내면화 문제를 일으키기 쉽다고 주장한다. 이러한 주장을 지지하는 다른 견해에서도 저항애착이나 몰입애착은 내면화 문제와 관련될 것이라고 가정한다(Dozier et al., 1999). 불안-저항애착을 형성한 아동의 경우 양육자가 일관성 있게 반응해 주지 않았기 때문에 세상을 탐색하는 일보다 양육자의 관심을 유지하기 위해 노력한다. 그 결과 이들은 아동기 또는 성인이 되어서도 어떤 새로운 노력을 하려 하지 않고 가족사에 빠져 있거나 고립, 위축돼 있다.

초기에는 애착 유형에 속하지 않았던 비조직 애착에 관한 연구들이 최근 보고되고 있다. 비조직 애착 아동은 부모가 정신병적 문제가 있는 경우, 아동 학대나 고위험 가정의 아동에게 높은 비율로 나타나고 있다. 이러한 비조직 애착은 해리성 장애(dissociative disorders)와 관련될 것이라 가정된다. 영아기 비조직화 애착행동(예를 들어 몸을 움직이지 않고 정지한 채 있거나 전형적인 움직임을 나타내는 것)이 해리성 장애의 여러 측면과 비슷하며 이는 영아기 해리성을 반영하거나 또는 후에 해리성 장애를 일으키는 통로가 될 것이라는 주장이다(Liotti, 1995). 비조직화 애착은 심리적 장애나 그러한 장애 위험 요인의 소지와 자주 관련되는 것으로 보고되고 있다.

2 영아의 애착과 장애행동

지난 20여 년간 영아의 애착과 후의 발달에 대한 연구가 많이 이뤄져 왔다. 이들 연구의 대상을 보면 쉽게 얻어질 수 있는 중류층의 저위험 가정의 아동을 대상으로 한 것에서부터 양육자가 정신질환 진단을 받거나 임상 진단의 대상인, 사회경제적으로나 의학적으로 고위험 가정의 아동을 대상으로 한 것에 이르기까지 다양하다.

저위험 가정의 아동을 대상으로 한 몇몇 연구들은 생후 두 돌 때 불안애착을 형성한 영아가 장애행동 문제와 관련성이 높은가를 살펴보았다. 이 연구의 참여자들은 중류층 가정의 아동으로 정신 병리적 평정에서 낮게 평정된 영아들이었다. 연구 결과를 보면 불안애착이 후에 외면화 문제에 의미 있는 영향을 미친다는 것이 지적되지 않았다(Fagot & Kavanagh, 1990). 다른 연구(Belsky & Fearson, 2002)에서도 영아기 애착이 3세의 사회성 능력과는 의미 있는 관계가 있었으나 취학 전 아동의 행동문제와의 관계는 의미가 없었다.

반면 고위험 가정의 아동을 대상으로 한 연구들은 불안애착이 행동문제를 예측하는 변인이었다고 보고한 바 있다. 한 연구(Sroufe et al., 2005)를 보면 연구자들이 한부모가정의 영아를 12개월과 18개월 때 애착을 측정하고 안정, 회피, 저항애착으로 나누었다. 그 후 취학 전 연령, 학령 초기, 청소년기 등에 다시 이들을 관찰해 보니 일관성 있게 불안애착을 형성했던 영아들은 대인관계가 빈약하고, 공격성, 좌절, 일반적 부적응을 안정애착으로 분류되었던 영아보다 더 나타내 보였다. 또한 이러한 관계는 여아보다 남아에게서 더 강했다.

행동문제가 없었던 안정애착형성 영아와는 달리 후에 행동문제를 보였던 안정애착 영아들은 24개월과 42개월에 관찰한 것을 보면 어머니들이 지지를 덜 했으며 덜 격려했고 명확하지 않은 기대, 일관성 없는 제한을 하는 등 비효과적인 교사를 가지고 있었다. 30개월의 관찰을 보면 행동문제를 나타내지 않았던 영아들에 비해 놀잇감이 적었고 어머니의 참여가 적었으며, 이들 어머니들은 혼란스러움을 나타냈다. 후에 행동문제를 보이지 않았던 불안애착 영아들은 후에 행동문제를 보인 불안애착 영아들보다 42개월의 관찰을 보면 어머니가 더 애정을 보이고 지지했고 적절한 한계를 설정해 주었다. 이들의 가정을 보면 적절한 놀잇감이 있었고 어머니가 아동과

▶ 어린이집에서 또래와 어울려 놀이를 하고 있는 유아들

상호작용을 더 많이 했으며 아동은 긍정적이었고 어머니에게 복종하고 애정을 보였다.

고위험 가정의 아동을 대상으로 하는 다른 종단적 연구(Lyons-Ruth, Easterbrooks, & Cibelli, 1997)에서도 초기 애착의 예언력을 지지해 준다. 추후 연구에서 교사에게 불안, 적개심, 과잉 행동 등을 평정하게 한 결과 또래와 교사에게 뚜렷이 적대적인 것으로 평정된 취학 전 아동들은 영아기 불안애착, 특히 비조직화 애착으로 분류되었던 것으로 나타났다. 구체적으로 보면 적대적인 취학 전 아동 중 71%는 18개월 때 비조직화 애착으로 분류된 반면 12%는 안정애착으로 분류되었다.

또 다른 연구(shaw & Vondra, 1995)에서는 저소득층 가정의 영아들을 대상으로 했는데, 불안애착 영아는 3세쯤의 행동문제를 어느 정도 예측할 수 있었다고 한다. 5살이 되었을 때 12개월 때 불안애착으로 분류되었던 영아는 부모의 행동문제 평정과 관련되었으며, 비조직화 애착 영아는 외면화 문제, 저항애착 영아는 내면화 문제와 관련이 된다고 보고했다. 후에 행동문제와 관련이 가장 높게 지적되는 불안애착은 비조직화 애착으로, 이 애착은 후에 적응문제에 취약한 것으로 볼 수 있다.

앞에서 살펴본 연구 이외에 많은 연구들이 회피애착과 외면화 문제행동과의 관계를 지적하고 있으나, 저항애착과 내면화 문제의 관계를 지적하는 연구 결과는 많지 않다. 아마도 이는 저항애착 출현율이 비교적 적고, 또한 내면화 문제의 경우 그 증상이 심각하지 않으면 무시되거나 치료를 의뢰하는 경우가 드물기 때문이 아닐까 한다. 한 연구(Lyons-Ruth, Alpern & Repacholi, 1993) 결과를 보면 영아기 비조직 애착은 5세 때 교사의 적대적 행동 평정을 가장 잘 예언해 주는 변인이었다. 그런데 이들 비조직 애착 영아들의 상당수가 회피애착에 기초가 되는 전략을 가지고 있는 것으로 판별되었다.

메타분석을 한 연구(Atkinson et al., 1999)를 보면 연구자들은 18개의 연구 1351명의 참여자를 대상으로 애착과 6세까지의 행동문제의 관계를 분석했다. 모든 연구들이 애착을 안정, 회피, 저항, 비조직으로 분류하지 않은 문제점이 있으나 메타분석한 연구 결과를 종합하면 다음과 같다.

첫째, 불안애착이 안정애착보다 특정한 행동문제에 유의하게 영향을 준다는 것이 지지되었다. 또한 회피애착은 안정애착이나 저항애착보다 외면화 문제와 더 관련된다는 점도 부분적으로 지지되었다. 아울러 회피애착은 저항애착보다 내면화 문제와도 관련된다는 점도 지지되고 있다. 비조직 애착은 안정애착이나 회피애착보다 교사에 의해 외면화 문제를 가지고 있는 것으로 평정되었다. 그러나 다른 연구(Lyons-Ruth, 1996)에서는 고위험 가정의 아동과 저위험 가정의 아동이 차이가 있었다. 즉 저위험 가정의 경우 비조직 애착은 대안 분류에서 안정애착과 관련이 있었으며 이들은 후에 행동문제와 유의한 관계가 나타나지 않았다. 그러나 고위험 가정의 비조직 애착은 대안 분류에서 회피애착과 가장 연계되었으며 이들은 후에 외면화 문제와 관련성이 높았다. 이러한 결과는 비조직 애착과 회피애착의 결합이 비조직 애착 단독의 경우보다 적대적-공격적 행동과 관련된 장애에 더 기여함을 알 수 있다.

요약하면 안정애착을 형성한 영아와 달리 불안애착을 형성한 영아들은 성장 후 여러 문제행동을 보일 가능성이 높다. 불안애착 영아 중 회피애착을 형성한 영아는 안정애착을 형성한 영아나 저항애착을 형성한 영아보다 외면화 행동문제와 더 관련되며, 예측과는 달리 이들은 또한 내면화 문제도 보인다. 저항애착이 내면화 문제와 관련된다는 점은 연구 결과들 간에 일치가 이루어지고 있지 않으며 비조직 애착과 회피애착의 결합은 외면화 문제와 관련된다는 것이 지지되고 있다.

3 애착장애

앞에서 불안애착이 안정애착보다 여러 행동문제와 관련됨을 살펴보았다. 애착과 행동문제의 관련성에서 우리가 짚고 넘어갈 것 중 하나가 바로 애착장애(attachment disorders)이다. 불안애착은 장애가 아니다. 에인즈워스는 영아기 애착전략의 분류에서 기능이 정상적인 3유형으로 나누었다. 그녀가 안정, 불안이라고 명칭한 것은 다만 기술을 위한 것으로 불안애착이 장애임을 의미하는 것은 아니다.

애착 유형이 정의적 정보와 인지적 정보와의 과정 간의 역동적 균형을 반영하는 것이라고 한다면(Crittenden, 1995), 회피(성인의 경우 거부)애착은 정서와 관련된 활동에는 주의나 에너지를 최소화하고 오직 인지적 활동에만 투자한다. 이러한 유형은 남성적 행동의 특성을 나타내는 것이며, 나아가 성취도가 높은 사람의 특성이기도 하다. 볼비의 공식적 자전가인 홈스(Holmes, 1993)에 의하면 볼비는 바로 거부형 애착형성가이다. 이와는 달리 저항애착 또는 몰입애착을 형성한 사람은 지적 활동은 배제하고 오직 사회-정서적 관계에만 관심을 갖는다. 이 유형은 여성적 행동의 특성을 나타낸다. 이러한 사람은 대인 지향적이어서 연극이나 창의적 저술 등과 같은 예술적 활동에 장점을 갖는다.

그러나 애착장애는 이러한 범주와는 질적으로 다르다. 최근 애착

장애 진단범주(the diagnostic and Statistical Manual, fourth edition; the International Classification of Diseases, tenth edition)에 의하면 반응성 애착장애(reactive attachment disorder)라는 용어가 쓰이고 있으며, 이는 3세 미만의 아동에게 진단되는 장애로, 억제와 비억제가 있다. 억제는 이상한 방식으로 위안을 추구하는 위축되고 비반응적인 특성을 보이며, 비억제는 사회적으로 분별하지 않는 특성을 보이는 경우이다.

그러나 다른 학자(Zeanah, 1996)는 애착장애는 장애행동의 원인에 초점을 두기보다는 아동 행동 자체에 초점을 두어야 한다고 주장하면서 다음과 같이 애착장애를 나누고 있다.

첫째, 비애착(non-attachment)으로, 이들은 좋아하는 양육자가 없으며 위축되었거나 누구에게나 우호적이다.

둘째, 혼란애착(disordered attachment)으로, 이들은 특별히 선호하는 양육자가 있고 양육자에게 지나치게 매달리거나 무모하고 위험한 행동을 하는 등 이상한 방식으로 양육자를 이용한다.

셋째, 분열애착(disrupted attachment)으로, 양육자를 잃어버린 아동의 슬픔을 나타내는 것이다.

이들 모두 억제 또는 비억제 행동을 나타낼 수 있다. 이러한 진단범주는 임상 현장에서 사용하기에는 아직 경험적 증거가 적지만, 여기에서 애착장애에 대해 살펴봄은 불안애착이 위의 여러 특성을 보일 수도 있으나, 명백한 것은 불안애착이 애착장애를 의미하는 것은 아니라는 점이다.

02

신체 건강과 애착

애착의 개념은 보호체계를 말하며 이는 당연히 질병에서의 보호도 포함된다. 질병은 애착행동을 낳게 하는 요인 중 하나인데도 애착과 관련해서는 소홀히 다루어진 분야이다.

애착과 신체 건강에 최근 관심을 갖게 된 이유 중 하나는 영아가 아프게 되면 과거와 현재의 애착 경험이 도움을 구하는 영아의 행동에 영향을 주게 되기 때문이다. 대부분의 전문적 보호자는 애착 대상이 될 가능성이 있고 영아의 애착 역사는 그들에 대한 태도나 행동에 영향을 주어 치료에도 영향을 주게 된다.

두 번째로, 애착과 관련된 행동패턴은 심리적, 신체적 스트레스에 노출되게 하거나 심리적, 신체적 스트레스로부터 한 개인에게 은신처가 되게 하기도 한다. 예를 들어 불안애착은 다른 문제와 같이 있는 경우 약물중독과 같은 건강 위험 행동을 예측하게 한다. 최근 건강심리학에서는 신체적 건강을 유지하는 행동, 질병을 방지하는 행동, 질병을 관리하는 행동들이 회복을 촉진하고 손상을 최소화한다고 강조하고 있다. 애착경험 또한 이러한 행동에서 중요한 역할을 하리라 생각된다. 즉 애착은 건강이나 질병과 상호작용을 하는 여러 요인들 중 하나라 간주된다.

1 애착과 질병

볼비의 초기 애착에는 질병이 애착 대상의 보호가 중요한 상황 중 하나인 것으로 포함하고 있다. 우리는 1장에서 볼비가 로버트슨과 같이 병원에 가는 2세 아기를 동영상으로 촬영한 사실을 기억할 것이다. 애착측정검사(AAI)에서도 반복적으로 아프거나 다쳤을 때, 또는 정서적으로 불안할 때 양육행동 경험에 대해 묻는다. 즉 질병은 애착행동을 유발하게 하는 핵심적 상황 중 하나인 것이다. 그런데도 아동이 아플 때 보이는 애착행동에 관한 연구는 아주 희박하다. 아동이 입원하는 경우는 많지 않으나 모든 아동이 질병을 앓는 일은 흔한 것으로, 이런 경험이 애착의 형성이나 유지 또는 건강이나 질병에 대한 행동에 어떤 몫을 하는가에 대해 별로 알려지지 않았다.

일반적으로 아동이 아플 때 부모에 대한 경험은 후에 질병에 대한 행동, 예를 들어 아플 때 애착 대상을 찾는 것과 같은 행동의 발달에 영향을 주는 것으로 알려져 있다. 아동은 아프면 얼마나 빨리 부모에게 알릴까? 아플 때 의학적 도움을 받는 것을 얼마나 편안해 할까? 예전에 아플 때 동정적 관심과 적절한 보호를 받아 본 적이 있는 사람은 아프면 즉각 도움을 청할 가능성이 높다. 그러나 증상의 심각성에 대해 의구심을 경험한 사람이나 그냥 버티라는 얘기를 들은 적이 있는 사람(회피애착이나 무시애착의 경우)은 도움 청하기를 꺼릴 것이며 도움이 소용 없다고 생각할 것이다. 만약 질병에 대한 부모의 태도가 일관성이 없거나 예측 가능하지 않는 경우(불안저항/몰입애착의 조건) 필요한 관심을 유도하고 유지하기 위해 과장되게 불편함을 표현할 것이다. 또한 우리가 아플 때 중요한 다른 요인 중 하나가 사회적 지지로, 안정애착을 형성한 아동은 불안애착을 형성한 아동보다 필요한 사회적 지지를 형성하고 유지하는 것으로 나타나고 있다.

2 애착과 건강 및 질병에의 대처행동

오늘날 우리는 수많은 질병을 앓고 있으며 이것에 대처하려고 노력하고 있다. 그런데 사람에 따라 질병을 피하기 위해 건강을 증진하는 행동을 정기적으로 하는 사람도 있고 그렇지 않은 사람도 있다. 또한 질병의 증후가 나타나면 바로 치료에 대한 정보를 찾거나 치료를 받으려 하는 사람도 있고, 또 어떤 사람은 의학적 처치를 받길 꺼리거나 받지 않으려 하는 사람도 있다. 이러한 질병과 건강에 대한 서로 다른 접근에 대해 설명할 수 있는 요인 중 하나가 바로 성격의 개인차이다.

건강과 질병에 대한 행동을 시사하는 성격 요인 중 하나가 바로 스트레스를 주는 상황이나 문제 상황에 어떻게 반응하는가 하는 적응 유형이다. 우리는 앞서 스트레스를 주는 상황에 대처하는 전략이 바로 애착전략과 같다는 점을 알고 있다.

스트레스에 대한 대처 전략에 대해 이야기할 때 일반적 측면 중 하나는 노력에 초점을 두어 설명하는 것이다. 즉 문제해결에 초점을 두는 전략과 정서적 불안을 통제하는 데 목적을 두는 전략을 구별하는 것이다. 두 번째 중요 차원은 문제에 적극적으로 접근하고 노력을 하는가 아니면 문제에 대한 관심을 두지 않고 회피하는가이다. 세 번째 분류 체계는 이 두 차원을 통합하는 것이다.

이러한 전략들은 소아암을 앓고 있는 아동에게서 관찰된 애착전략과 공통점을 찾을 수 있었다(Phipps et al., 1995). 일부 아동은 자기 질병의 심각성에 대해 회피하고 중요성을 최소화하고 질병의 심각성을 과소평가하고 분명한 정보를 무시했다. 이러한 전략은 거부로 정서와 회피 모두가 관여되는 것으로, 바로 회피애착과 거부애착의 특성과 공통된 면이 있다. 이러한 전략을 사용하는 사람은 자신이 정서적 불안을 경험하고 있다는 것을 인정하지 않거나 그 영향에 둔감하다. 마치 거부애착이나 회피애착 아동처럼 자신이 불안할 때 거절당할까 두려워 애착 대상에게서 직접 위안을 추구하지 않는다. 이들은 질병과 관련된 부정적 정서를 피하기 위해 가능한 한 유용한 정보를 멀리하거나 지지를 피한다. 이들은 정보를 완전히 차단해 그 결과 치료를 받지 못하거나 치료에 응하는 정도가 낮다. 회피애착과 저조한 치료율의 관계는 당뇨 환자에게서도 나타나는 현상이다.

거부형과는 달리 민감한 사람도 있다. 동일한 상황에서도 질병에 대한 두려움이나 위험을 최소화하는 것이 아니라 과장한다. 이들은 질병을 경고된 바보다 더 심각하게 받아들여 위험을 피한다는 명목 아래 즐거울 활동들을 불필요하게 포기하고 실제보다 더 무기력한 것처럼 행동한다. 이러한 적응 유형은 접근이 아니라 정서에 초점을 두는 전략으로, 저항애착이나 몰입애착의 특성과 유사하다. 저항애착이나 몰입애착인 사람들이 정서를 과장되게 표현하고 갈등적 애착 대상에게 매달리고 자율적으로 탐색을 하지 못하는 것처럼, 민감한 사람은 불안과 무기력함을 과장하고 자신의 치료에 대한 책임을 남에게 전가하고 질병에 대한 탐색이나 보호에 참여하지 못한다. 그런 사람들이 치료에 대한 책임을 지려 하지 않기 때문에 다른 사람들이 조언하는 만큼, 또는 다른 사람들이 한 만큼만 치료에 응하려는 경향이 있다. 이들은 부정적 정서를 과장하기 때문에 비관적이며 치료에 응하는 정도가 낮을 뿐 아니라 사회심리적 결과도 낮은 것으로 나타난다.

세 번째 전략은 질병의 부정적 측면에 초점을 두지 않고 질병과 치료에 대한 정보를 추구하는 것이다. 이러한 전략은 정서적 혼란을 피하면서 질병에 적극적으로 대처하는 것이다. 따라서 이 전략은 정서와 문제 둘 다에 초점을 두는 적응으로, 이는 안정애착, 자율애착의 특성과 유사하다. 안정애착을 형성한 아동은 필요한 경우 애착 대상을 이용해 탐색해 통합적이고 융통성 있는 접근을 하는 것처럼 적응전략은 정서와 인지반응을 통합해 가능한 해결책을 탐색할 수 있도록 한다. 적응전략은 높은 수준의 낙관, 융통성, 치료에 대한 순종과 심리사회적 적응과 관계된다.

이상의 적응전략은 소아암을 앓고 있는 아동에게서 유추된 것이지만 좀 더 일반적 적응전략으로 간주될 수 있다. 즉 안정애착을 형성한 아동은 건강과 질병을 포함해 문제에 접근하려는 성향이 있으며 이들은 적응전략을 사용하는 반면, 거부나 회피애착을 형성한 아동은 거부전략을 사용하며, 저항애착이나 몰입애착을 형성한 아동은 민감한 전략을 사용할 가능성이 있다.

3 연구 결과

볼비가 지적한 바와 같이 애착행동 체계가 스트레스의 완충 역할을 한다는 점에서, 안정애착은 스트레스에 대한 완충 역할을 하여 건강을 촉진하는 반면, 불안애착은 효과적 스트레스에 대한 완충 역할을 하지 못해 질병에 대한 생리적 취약성을 높일 수 있다고 가정할 수 있다. 그렇다면 실제로 그러한 증거가 있을까?

동물을 대상으로 하는 연구들은 애착장애가 질병 취약성과 관련됨을 지적하고 있다(Reite & Boccia, 1994). 예를 들어 실험용 쥐를 어미와 때때로 격리시키면 새끼에게 위궤양이 나타나며, 그 정도는 격리 기간이 얼마 동안이었는지에 따라 다르다(Ackerman et al., 1975).

인간은 인위적으로 어머니와 아기를 격리시킨다는 것은 있을 수 없는 일이어서 이렇게 할 수는 없으나, 골드버거(2000)는 장기 질병을 앓고 있는 영아들을 7년간 추적해 이들의 질병 치료 과정에서 애착의 역할을 살펴보았다. 본래 골드버거의 연구 목적은 질병이 애착형성에 미치는 영향을 알아보고 후의 사회성 발달에 미치는 영향을 살피고자 하는 것이었다. 그러나 연구가 진행되면서 연구자는 애착이 또한 건강에 영향을 주고 있음을 알 수 있었다. 이 연구 대상의 첫 번째 집단은 출생 후 1년 사이에 낭포성 섬유증(cystic fibrosis)으로 판정된 영아들이었고, 두 번째 집단은 선천성 심장병(congenital heart disease)으로 진단된 영아들, 그리고 마지막 집단은 통제집단으로, 건강한 일반 영아들이었다. 이들 모두가 한 살쯤 되었을 때 낯선 상황을 이용해 애착이 분류되었으며, 행동 관찰과 설문지 이외에 의학적 기록을 통해 건강에 대한 정보를 수집했다. 연구 결과를 보면 다음과 같다.

첫째, 선천성 심장병을 앓고 있는 영아들 중 한 살 때 안정애착으로 분류되었던 영아는 질병의 심각성이 더 컸으나 불안애착으로 분류되었던 영아들보다 첫 1년 사이에 건강이 뚜렷하게 좋아졌다(Goldberg et al., 1991).

둘째, 낭포성 섬유증으로 진단되었던 영아들 중 회피애착으로 한 살 때 분류되었던 영아들은 진단 시에는 다른 영아들과 의학적 측정에서는 차이가 없었으나 진단 후 영양 상태가 좋아지지 않았으며 4살 때까지 일관성 있게 다른 집단보다 키에 비해 몸무게가 적었다

(Simmons, Goldberg, Washington, & MacLusky, 1995). 이들은 다른 집단에 비해 영양보조제 복용이라든가 음식을 튜브로 먹이기 위한 수술을 한다든가 하는 특별한 영양 중재 처치를 더 받은 것으로 나타났다. 7살 쯤에도 이들의 전반적인 건강 상태가 빈약한 것으로 나타났다.

영아나 걸음마기의 아동을 대상으로 신체 성장과 애착의 관계를 살펴본 연구들이 몇몇 있다. 걸음마기의 아동을 대상으로 한 경우를 보면 섭식장애가 있건 없건 낯선 상황에서 안정애착은 키에 대비한 몸무게와 관련성이 있었다. 칠레의 장기 영양실조 상태에 있던 아동들의 경우 비조직 애착이 높은 비율로 나타났다(Valenzuela, 1990).

젖을 먹이는 것이 영아와 양육자 간의 협동 활동이므로 애착과 영양 상태의 관계에서 영향의 방향을 구별하기는 쉽지 않다. 아마도 부모와 아동의 행동적 문제가 젖을 먹이는 행동을 간섭해 불안애착을 형성하게 했을 수도 있다. 또는 빈약한 영양이 양육자로 하여금 안정애착을 형성할 수 있도록 양육자가 좀 더 민감한 양육을 하지 못하게 했을 수도 있다. 그러나 앞에서 우리가 살펴본 바에 의하면 불안애착의 발달이 성장에 필수적인 생리적 과정을 간섭했을 수도 있다.

골드버거의 연구 대상 영아들은 일반적 병세뿐 아니라 감기나 귓병 등 일상적 다른 질병에 대한 기록도 관찰되었는데 안정애착 영아들은 그러한 기록에서 모두 낮게 평정된 반면, 회피애착 아동들은 가장 높게 평가되었다. 즉 이러한 결과는 불안애착과 신체적 증후의 증가와 연계성이 있음을 시사하는 것이다.

요약하면 모든 증거가 결정적인 것은 아니지만 애착 유형이 질병의 취약성이나 저항력에 서로 다르게 관련된다는 것이 지지되고 있으며 안정애착이 불안애착보다 신체적 건강에 더 유리한 것으로 지적되고 있다. 몇몇 연구들은 회피애착이 다른 형태의 불안애착 유형보다 신체적 증후와 더 관련성이 있음을 보고했으나 다수의 연구들이 불안애착을 구별하지 않아 연구들 간에 일관성을 찾기는 어렵다.

제10장

애착에 초점을 둔 양육

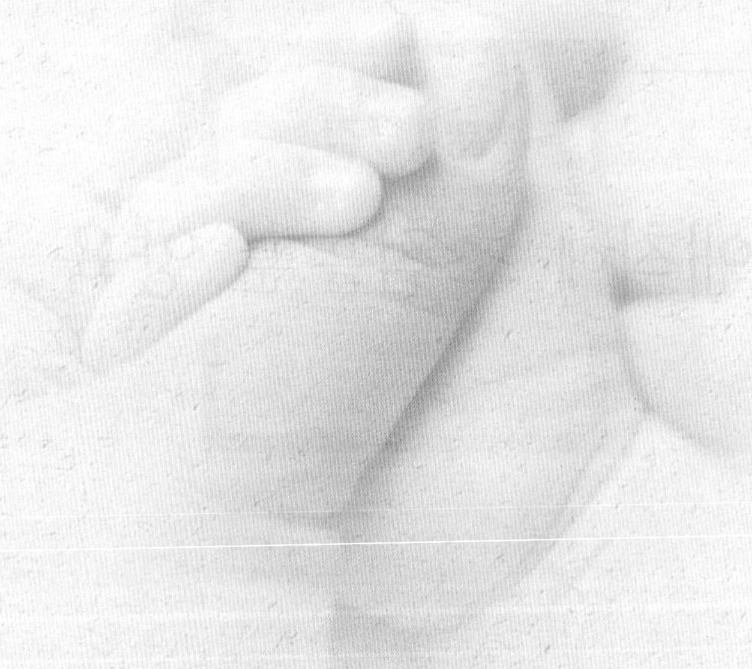

볼비는 아래 그림과 같이 발달경로 모델을 제시하면서 영아의 발달과정에서 변화는 항상 열려 있는 것이나, 각 시기의 선택은 앞에서 이루어진 것에 의해 결정됨을 강조하고 있다. 그림의 A와 B는 생의 초기 서로 다른 발달경로를 택했지만 유사하게 적응을 보이고 있고, C와 D는 적응 유형이 아주 다르고 비정상적임을 알 수 있다. 이는 아마도 이전 취해진 발달경로가 극단적인 것이었기 때문일지도 모른다.

안정애착이 영아의 발달에 중요한 요인이라면 어떻게 하면 자녀가 안정애착을 형성하게 할 수 있을까? 어떻게 해야 영아의 애착이 안정이라는 발달경로를 따라 잘 이루어질 수 있게 할 수 있을까?

▶ 볼비의 발달경로 모델

출처: DeHart, G. B., Sroufe, L. A. & Cooper, R. (2004). *Child Development: Its Nature and Course.* p. 25.

영아의 애착 첫 번째 대상은 대부분 부모라는 점에서 영아의 안정애착 형성에 무엇보다 먼저 살펴보아야 하는 것은 부모의 양육태도이다. 앞에서도 언급한 바와 같이 에인즈워스에 의하면 안정성을 유발할 수 있도록 민감하고 반응적인 보호를 할 수 있는 양육자는 개개 영아의 특성을 이해하며, 개개 영아의 행동적 경향을 수용하며, 특히 영아가 불안함을 느낄 때 영아와 일관성 있게 또는 조화를 이루는 상호작용을 할 수 있는 사람이다. 볼비의 이론을 확장하면서 에인즈워스는 영아와 어머니의 관계 발달이 전적으로 어머니에 의해서 결정된다고 생각하지는 않았다. 그러나 에인즈워스는 영아와 어머니의 관계가 두 사람에 의해 동등하게 영향을 받는다고 생각하지도 않았다. 애착의 안정성을 촉진하는 민감한 보호는 모든 영아에게 똑같은 형태를 취하지 않는다. 뿐만 아니라 특정 영아에게서도 모든 상황에서 똑같은 형태를 취하지 않는다.

이러한 점을 염두에 두면서 여기에서는 애착에 초점을 두는 양육에 대해 휴스(Hughes, 2009)의 주장을 발췌해 알아본다.

01 안전감의 형성

안전감(safety)은 가족의 삶과 인간의 발달에서 애착발달의 도약점이 되는 것이다. 애착에서 이야기하는 안전감은 물리적 안전감을 의미하는 것이라기보다는 심리적 안전감을 뜻한다. 안전감은 애착이론의 기반을 이루고 있지만 다른 이론에서는 간과되거나 당연시되었던 부분이다. 물리적 안전감 없이 성숙의 기회를 갖기는 어렵다. 우리의 두뇌는 우리가 안전감을 느끼지 않을 때는 제대로 작동하지 않는다. 안전감이 확실하지 않을 때 우리의 주 관심은 안전감을 찾는 것이 되며 다른 일은 별로 중요하지 않게 된다. 안전감 없이는 발달가능성에 도달할 수 있는 능력이 위험에 처하게 된다.

애착에서 안전감을 형성하고 유지하는 것이 영아의 애착 대상이 해야 할 주요 기능이다. 일단 안전감이 형성되면 영아는 자유롭게 탐색을 하며 자신의 흥미나 능력에 기초해 최대한 발달이 이루어지게 한다. 그러나 안전감은 당연히 이루어지는 것은 아니다. 안전감은 영아가 위협을 느끼는 상황에 대한 애착 대상의 반응을 반복적으로 경험하면서 형성되는 것이다. 영아가 성장하면서 안전감 유지에 대한 자신의 책임이 증가하지만, 특히 영유아기 또는 아동기나 청소년기, 심지어는 성인기에도 애착 대상은 안전감을 느끼는 데 핵심이 된다.

1 안전감 형성을 위한 방법

그렇다면 안전감을 어떻게 발달할 수 있게 해 주어야 할까? 휴스는 다음과 같이 몇 가지를 제시한다.

첫째, 영아가 항상 애착 대상의 존재를 확신할 수 있게 해 주어야 한다. 영아는 자신이 위협감을 느낄 때 애착 대상과의 경험을 통해 안전감을 형성한다. 따라서 어떠한 상황에서든 애착 대상이 존재함을 알 수 있도록 해 주는 것이 필요하다. 형성된 안전감은 주 애착 대상이 없어도 제2 애착 대상이 일관성 있게 자신을 보호해 준다는 것을 알 때 유지되기 때문이다. 주 양육자가 영아를 항상 돌보지 못하는 경우 안전감을 갖는 영아는 어머니와 분리되어 생긴 불안을 잘 극복하고 제2 대상에 애착을 형성할 수 있다. 특히 3세 미만의 영아는 애착 대상의 영속성에 대한 개념이 없기 때문에 제2 대상이 영아가 깨어 있는 시각에 항상 있는 것이 영아가 안전감을 유지하는 데 중요하다. 즉 제2의 애착 대상이 자주 바뀌거나 주 관심을 영아에게 두지 않으면 영아의 안전감은 유지되지 못한다.

둘째, 영아가 상황을 예측할 수 있게 해 주어야 한다. 하루 일과가 예측할 수 있을 때 영아는 안전감을 가질 수 있다. 주요 하루 일

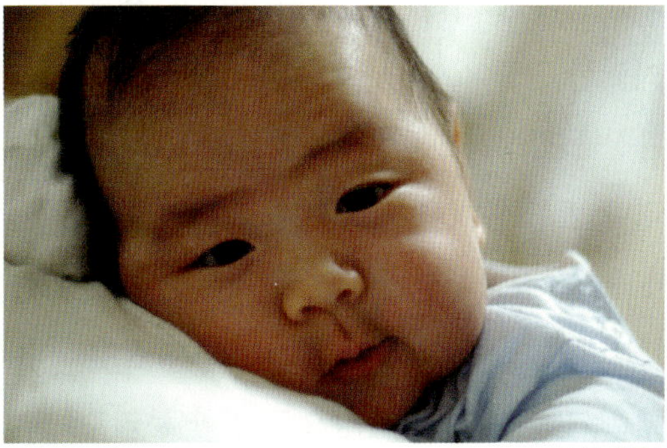

▶ 부모의 어깨에서 편안함을 느끼는 영아

과가 안정적이나 엄격하지 않을 때 애착 대상이 다르더라도 이는 별로 크지 않고 이해될 수 있는 문제가 된다. 많은 선택의 자유는 흥미, 열정, 그리고 독립성이나 창의성을 촉진할 수 있는 자기주도성을 높인다. 그러나 자유에 대해 아동이 준비되지 않은 경우 이러한 자유가 또한 불안을 일으킬 수 있으며 안전감을 줄이기도 한다. 또한 일과의 규칙성과 융통성 간에 균형이 필요한데, 어제 주어진 자유가 오늘도 적합하다고 할 수 없으며, 첫째 아이에게 주어진 자유가 둘째 아이에게는 적합하지 않을 수 있음을 알아야 한다.

셋째, 안전감을 높일 수 있는 훈육을 해야 한다. 훈육에는 두 가지 측면이 있는데, 하나는 안전감을 높이는 것이고 다른 하나는 불안을 높이는 것이다. 안전감은 부모가 상황에 적극적으로 참여해 그 상황에 대한 충분한 지식을 가지고 최선의 결정을 한다고 아동이 알 수 있을 때 이루어진다. 반면 불안은 상황에 대한 부모의 결정이 아동의 바람과는 거리가 멀어 아동에게 좌절과 갈등을 줄 때 일어난다. 이러한 갈등은 아동으로 하여금 부모-자녀 관계의 의미에 대한 불확신을 형성하게 한다.

넷째, 분리나 변화에 대해 사전 계획을 해야 한다. 어린이집을 바꾸거나 이사 등, 가정이나 아동에게 뚜렷한 변화가 있는 것은 미리 영유아에게 알려 주도록 한다. 그뿐 아니라 어린이집이나 유치원에서 가는 여행, 부모의 휴가나 출장으로 인한 분리, 부모나 영유아의 입원으로 인한 분리 등에 대해서도 미리 알려 주는 것이 좋다. 예를 들어 엄마가 아파 입원하는 경우 누가 자신을 돌보아 줄 것이며 엄마를 언제 볼 수 있는지, 언제 돌아오는지 등을 알려 주도록 한다. 이런 경우 영유아가 자신의 불안이나 두려움, 심지어는 엄마와 떨어지지 않겠다는 표현도 할 수 있는 기회를 주어야 한다. 부모가 자녀를 떠나 있어야 하는 경우 반드시 부모를 연상케 하는 구체적 사물, 예를 들어 사진이나 옷, 같이 즐겨 보던 책, 인형 등을 아이에게 남겨 주는 것이 필요하다.

다섯째, 자녀를 고립시키는 훈육법은 삼간다. 자녀의 바람직하지 않은 행동을 지도하는 데 많은 부모들이 타임아웃 규칙을 사용한다. 그러나 자녀가 화가 많이 났을 때 자녀를 고립시키는 것은 오히려 화를 증폭시키며 아이를 놀라게 하는 일이다. 아이가 화가 많이 났을 때는 오히려 부모 가까이 있어야 자녀가 자신의 정서를 더 잘 통제할 수 있다. 타임아웃은 오히려 부모에게 필요하다. 부모가 너무 흥분하거나 화가 날 때 잠시 타임아웃을 해 숨을 돌리면 오히려 더 현명하게 자녀를 훈육할 수 있다. 예를 들어 자녀가 어느 정도 말을 알아듣는 경우 "철수야, 엄마가 잠깐 방에 들어가 생각을 할 수 있었으면 좋겠다. 조금 있다 너나 엄마가 마음이 가라앉으면 다시 이야기하자."라고 하면 좋다.

여섯째, 의도적으로 아이가 놀라움을 경험할 수 있도록 하는 것이 좋다. 놀라움은 의미 있게 다루어져야 한다. 기대하지 않았던 사건은 아이에게는 스트레스를 주는 일이어서 아이의 첫 반응은 조절 곤란과 불안이다. 즉 놀라움과 흥분은 아동에게 항상 긍정적 경험을 주는 것은 아니며 이들 경험은 과거 아동의 경험과 기대와 조화를 이루는 것이어야 하며, 이와 관련된 어떠한 불안도 적절하게 조절되어야 한다.

02 상호주관성의 이해

1 상호호혜적 관계

일단 영아가 안전감을 형성하면 영아는 세상에 대해 배우기 시작한다. 영아가 세상을 알아가는 것은 자신의 신체와 부모, 둘 다를 통해서이다. 영아의 신체는 신경체계를 통해 끊임없이 정보를 제공하는데, 영아의 학습을 유발하는 세상에 대한 영아의 주 감각은 바로 부모와 관련되는 것이다. 영아의 안전감의 주 요인도 또한 학습의 주 요인이 된다.

영아가 최초로 안전감의 근원으로 인지하는 것은 부모이다. 영아가 배가 고플 때, 추울 때 부모는 음식이나 옷을 준다. 즉 부모는 영아의 부정적 상태에 반응해 주며 그러한 부모의 반응은 영아가 느끼는 불편함을 사라지게 한다. 일단 이렇게 부정적 상태가 사라지면 영아는 비로소 자신의 주변을 둘러보게 되며, 색, 형태, 움직임, 소리 등에 대해 지각하게 된다. 이러한 자극 중 특히 영아가 선호하는 것이 있는데, 이는 인간의 높은 소리와 사람의 얼굴과 같은 형태이다. 또한 영아는 이러한 대상이 활동적인 것을 선호하며 그러한

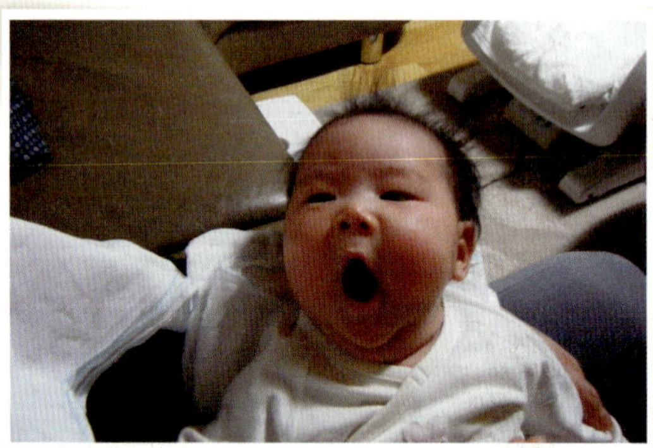

▶ 옹알이에 반응을 해 주자 성인의 입 모양을 따라 입을 크게 벌리고 옹알이를 하는 영아

대상이 자신에게 반응해 주는 것을 좋아한다. 이러한 특성을 가지고 있는 대표적인 것이 어머니이다. 예를 들어 아기가 엄마를 쳐다보면 엄마는 아기를 바라보며 아기가 옹알이를 하면 아기의 옹알이에 반응해 준다.

출생 초부터 이러한 부모의 활동은 영아의 학습에 커다란 자원이 되며 또한 영아의 활동에 대한 결과와 반응이 된다. 영아가 무엇을 주도할 때 엄마의 반응은 영아에게 자신이 행위자임을 느끼게 하며 자신의 의도를 수행하는 능력을 발달시킨다. 영아가 세상을 변화시킬 수 있으며 부모의 행동에 영향을 줄 수 있음을 알 수 있게 한다. 이렇게 영아가 자신이 행위자임을 알아 가면서 또한 부모도 자기에게 활동을 시도함을 알아 간다. 이러한 과정을 통해 영아는 상호호혜적 관계 속에 자신을 경험하게 된다. 즉 자신의 주도적인 행동이 어머니의 활동과 관계되며 어머니의 주도적인 행동이 자신에게서 반응을 일으키게 함을 안다. 이러한 상호호혜성, 즉 후속 결과적 반응은 세상과의 의사소통의 시작을 나타낸다.

그렇다면 이러한 상호호혜적 관계는 왜 중요할까? 이러한 상호작용은 아동의 학습의 창이 되는 것이다. 비단 사회성 학습만이 아니라 정서적, 심리적, 의사소통, 문화적, 행동적, 심지어는 지각적 그리고 물리적 학습의 창이 된다. 이러한 상호호혜적 상호작용은 영아가 세상과의 경험을 어떻게 발달시키며 깊게 하고 조직하기 시작하는가를 나타낸다. 부모의 관심사는 영아의 관심사 형성에 영향을 주며, 부모가 어떤 언어적 기술을 쓰느냐에 따라 영아의 언어 발달에 영향을 준다. 부모가 가치를 두고 선호하는 것은 자연적으로 영아가 가치를 두고 선호하는 데 영향을 준다.

2 상호주관성의 3요소

부모와 영아가 같이 있을 때 그들의 경험이 항상 상호주관적일 필요는 없다. 상호주관적이기 위해서는 부모와 영아의 내적 세계의 3요소가 서로 맞아야 한다. 즉 같은 정서적 상태를 공유해야 하며, 같은 사건이나 사물을 인지하거나 주의해야 하며, 같은 의도를 가져야 한다.

첫째, 정서 상태의 공유는 마음의 상태를 맞추는 조율을 뜻한다. 두 사람의 마음 상태가 맞으면 이들은 일치가 된다. 다시 말하면 이들의 현재 경험에 대한 강도의 정도가 비슷하게 된다. 이는 이들의 생각이나 평화로움의 일치가 이루어지는 표현의 리듬이 맞음을 의미한다. 여기에서 정서가 맞는다는 것은 두 사람이 같이 행복해야 하거나 화가 나 있다는 뜻이 아니라 같은 질의 비언어적 표현이 이루어지고 있음을 말한다. 만약 한 사람이 화가 났다면 다른 사람은 화가 났든 안 났든 그러한 화의 강도나 리듬이 일치할 수 있음을 말한다. 이러한 경우 화가 난 사람은 다른 사람이 자신이 화났음을 이해한다는 것을 알게 된다.

따라서 아동이 "아무도 내 말을 듣지 않아!"라고 외칠 때 만약 부모가 같은 리듬과 의도로 "아무도! 아무도 네 말을 들어주지 않는다면 얼마나 힘이 들겠니."라고 대답해 준다면 아동은 부모가 자신의 말을 듣고 이해한다는 것을 알 수 있다. 그러나 "네가 이야기할 때 아무도 네 말을 들어주지 않는다고 생각하는구나."라고 부모가 조용히 이야기한다면 아동은 자신이 이해 받지 않고 있다고 느낄 것이다. 오히려 아동은 어머니의 조용한 응답이 자신을 알지 못하고 자신을 조용하게 하려고 조절한다고 생각하기 때문에 괴롭다. 그러한 대답은 부모가 비언어적 의사소통의 의미를 듣지 않은 것이다. 아동 표현의 강도와 리듬은 아동이 얼마나 고통스러운가를 나타내며 부모와 아동이 일치될 경우 아동은 부모가 자신이 얼마나 고통스러운가를 정확하게 안다고 느끼게 된다. 그러나 비언어적 의사소통이 일치되지 않을 경우 아동은 자기가 겪는 혼란의 정도를 부모가 이해하지 못한다고 느낀다.

아동의 정서와 일치하기란 사실 쉬운 일이 아니다. 그러나 부모의 의도가 아동의 정서에 대한 수용, 이해, 그리고 공감이면 아동은 자신의 정서를 그대로 경험하게 될 것이다. 만약 부모의 정서가 아동의 행동에 대한 화를 표현하는 것이라면 아동은 그것을 알 것이다. 부모의 정서가 아동을 비난하고 힐책하는 것이라면 아동은 그것도 알 것이다. 영아는 6개월 정도만 되면 자신에 대한 부모의 의도를 이해하기 시작한다.

둘째, 상호주관성은 부모와 아동이 같은 사물이나 사건에 주의를 기울이는 것이 요구된다. 이들의 관심이 서로 다를 경우 이들은 주관성을 경험하지 못한다. 이들이 같은 사물이나 사건을 공유한다면 서로 다른 견해를 경험할 수 있게 되고 이렇게 공유된 조망은 각자의 경험에 영향을 주게 된다. 예를 들어 아동과 부모가 모두 아동의 친구가 보낸 생일 축하 카드에 관심을 가지고 있는데, 아동은 친구 엄마가 사 준 카드를 친구가 보낸 것일 뿐이라고 생각한다. 그러나 어머니는 친구의 생일카드는 자녀와 친구의 관계가 특별하다는 것을 의미한다고 이야기한다. 이러한 개방된 견해의 교류는 자녀의 경험을 변화시킬 수 있다. 그러나 어머니가 자신이 생각하는 것이 옳고 자녀가 생각하는 것은 그르다고 자녀에게 설득하면 그 효과는 훨씬 떨어진다. 상호주관성의 영향은 상대방의 견해를 변화시키려고 하는 것이 아니라 단순히 경험을 공유하고자 하는 경우에 훨씬 커진다.

셋째, 상호주관성의 세 번째 요소는 같이 활동을 하고자 하는 공유된, 상보적인 의도이다. 이러한 상황이 자주 일어나는 경우 서로를 더 잘 알게 되고 서로가 즐거워질 수 있으며 공유된 사건이나 사건에 대한 흥미에 대해 이야기를 나눌 수 있고 공유된 흥미에 대해 서로 가르치고 배울 수 있으며, 서로의 경험에 대해 표현을 할 수 있게 한다. 그러나 의도가 다른 경우 상호주관성의 질은 급격히 잃게 된다. 이는 한 사람은 가르치길 원하고 다른 사람은 배우길 원하지 않는 경우, 또는 그 반대의 경우에 생긴다. 예를 들어 한 사람은 경험을 공유하길 원하나 다른 사람은 이해하길 원하지 않으며, 다른 사람은 같이 즐기길 원하나 다른 사람은 같은 일에 참여하는 것을 원하지 않는 경우이다.

상호주관성은 상호작용하는 것이다. 즉 주관성의 정서, 인지, 의도는 영아와 어머니 서로의 내적 세계에 영향을 미친다. 만약 어머니가 불안해하는 영아에게 차분한 정서 상태로 대하는 경우 어머니의 정서 상태와 영아의 정서 상태가 일치하면 영아도 쉽게 차분해진다. 영아가 화가 많이 난 경우 부모가 혼란스러워하면 부모가 영아의 안전감을 촉진하지 못할 뿐 아니라 영아가 더 불안하게 된다. 영아는 안전감을 위해 부모에게로 향했으나 부모의 불안은 오히려 영아의 두려움을 더 증진하게 한다.

상호주관성의 3요소는 나아가 영아의 발달에 중요하게 영향을 준다. 공유된 정서 즉 마음과 마음의 조화는 정서 통제능력에 영향을 미치며 공유된 관심은 영아의 주의집중력 발달에 도움이 된다. 마지막으로 공유된 의도는 협동심의 발달에 핵심이 된다.

03 부모 자신의 애착을 알기

영아가 안정애착을 형성하려면 영아의 애착욕구가 활성화되었을 때 부모가 함께하고 영아에게 민감하게 잘 반응해야 한다. 그러나 대부분 어머니가 영아에게 잘 반응했는데도 어머니가 결정적 시기에 영아에게 반응을 잘하지 않으면 영아는 불안애착을 형성할 수 있다. 따라서 부모 자신의 애착 역사를 살펴볼 필요가 있다.

성인의 애착안정성은 자율애착(autonomous attachment)이라 한다. 이는 애착안정성이 획득됨을 의미하는 동시에 성인이 자율적으로 기능을 할 수 있음을 뜻한다. 어머니가 아동기 안정애착을 형성했다면 성인이 되어서도 자율적으로 되며 자녀가 또한 안정애착을 형성할 가능성이 높다. 자녀의 애착에 영향을 주는 것은 현재 어머니의 애착 상태이다. 아동기에 안정애착을 형성하지 못했어도 어머니가 성인으로서 안정애착을 형성할 수가 있으며 또한 자녀도 안정적으로 어머니에게 애착을 형성할 수 있다. 어머니 자신이 어렸을 때 안정애착을 형성하지 못하게 했던 요인들을 풀 수 있었느냐 아니냐가 중요한 요인이다.

어머니가 자신에게 영향을 준 사건을 반영할 수 있고 통제할 수 있으며 새로운 조망에서 그 사건을 재경험할 수 있으면, 새로운 경험이 자신의 자전적 이야기에 통합될 수 있으며 자신의 애착 역사의 불안정 요소를 풀 수 있다. 이는 어머니가 수치심, 분노, 절망 등의 불안정 정서에 들어가지 않고 자신의 애착 역사와 관련된 과거 사건을 회상할 수 있음을 뜻한다. 이 경우 회피하거나 왜곡할 필요가 있는 어떠한 과거도 존재하지 않게 된다. 이제 어머니는 현재와 미래를 충실히 인지하면서 그러한 사건들이 자신의 역사와 자아개념에 어떻게 영향을 주었는가를 인지하고 수용할 수 있게 된다.

만약 어머니가 자신의 애착 역사가 불안애착이고 풀지 못한 사건들이 있다고 한다면, 어머니는 이 사건들을 재경험함으로써 자율애착, 즉 안정애착을 형성할 수 있다. 애착유형은 안정적이나 고정적인 것은 아니다. 가까운 사람들, 즉 배우자나 친한 친구 등과 친밀한 관계를 형성하거나 유지함으로써 과거 애착 역사의 사건들을 해결해 나갈 수 있다. 특히 배우자, 사랑하는 사람의 수용, 공감, 호기심 등은 커다란 수용감을 갖게 하고 자기인식과 자기공감을 할 수 있게 한다. 그러면 보다 확신을 가지고 과거 사건들을 재경험할 수 있게 되고, 덜 수치스럽고 덜 놀라게 된다. 즉 새로운 애착 대상, 배우자, 사랑하는 사람, 가까운 친구, 심지어 심리치료사 등은 어머니로 하여금 과거에 대한 불안감이나 과거가 자신을 더 이상 압도한다는 느낌을 갖지 않을 수 있게 해 자녀가 불안정할 때 어머니가 훨씬 더 현재에 머물 수 있게 할 수 있다.

어머니가 자신의 애착 역사를 반영하는 경우 자녀의 행동이 어머니의 어린 시절의 구체적 기억을 활성화할 때 어머니가 더 침착하게 대응할 수 있다. 다음 표의 질문(Siegel & Hartzell, 2003)은 어머니가 자신을 반영해 볼 수 있는 좋은 질문들이다. 부모가 두려움, 수치심, 분노, 절망 등과 같은 불안을 느끼지 않고 자신의 애착 역사의 여러 측면을 회상할 수 있을수록 어머니는 자녀가 불안해할 때 자녀를 도울 준비가 되어 있음을 말한다. 과거의 어떠한 사건도 수치심이나 공포 때문에 거부되거나 왜곡되어서는 안 된다. 물론 자신

부모의 자아 반영을 위한 질문들

1. 성인이란 무엇과 같은가? 가족에 누가 있는가?
2. 어렸을 때 부모와 잘 지냈는가? 부모와의 관계는 당신이 젊었을 때부터 지금까지 어떻게 발전해 왔나?
3. 당신의 어머니나 아버지의 관계는 어떻게 다르며 유사한 점은 무엇인가? 각 부모에게 동일하게 하려고 한 것이나 다르게 한 것들이 있는가?
4. 부모에게 거부되거나 위협을 느낀 경우가 있는가? 아동기나 그 이후의 삶에서 압도적이거나 마음에 위압을 느끼는 경험들이 있었는가? 이러한 경험이 지금도 느껴지는가? 아직도 당신의 삶에 영향을 주고 있는가?
5. 당신이 어렸을 때 부모의 훈육은 어떠했나? 당신의 아동기에 어떠한 영향을 주었으며 당신의 부모 역할에는 어떠한 영향을 주었다고 느끼는가?
6. 아주 어려서 부모와 떨어진 경험을 기억하는가? 무엇과 같이 생각되는가? 부모와 장기간 떨어져 있었던 경험이 있는가?

7. 아동기 또는 그 이후 당신의 삶에서 아주 중요한 사람이 돌아가신 적이 있는가? 당시 그것은 당신에게 무엇과 같았으며 그러한 상실이 지금의 당신에게 어떻게 영향을 주는가?
8. 당신이 행복하거나 흥분될 때 부모님은 당신과 같이 이야기를 하셨는가? 부모님은 당신의 열광을 같이 느끼셨는가? 당신이 어려서 불안하고 불행할 경우 무슨 일이 일어났는가? 아버지와 어머니는 당신의 이러한 감정에 대해 다르게 반응했는가? 그렇다면 어떻게 달랐는가?
9. 부모님 이외에 당신을 돌보아 준 사람이 있었는가? 그 사람과의 관계는 당신에게는 무엇과 같은가? 그 사람은 어떻게 되었는가? 다른 사람에게 당신의 자녀를 돌보아 주도록 할 때 당신에게는 무엇과 같은가?
10. 아동기 때 어려운 시간을 가졌다면 그러한 때 당신이 의지할 수 있는 가정 내 또는 가정 밖에 긍정적 관계를 갖는 사람이 있었는가? 그러한 관계에 대해 어떻게 느끼며 당신에게 어떠한 도움을 주었다고 생각하는가?
11. 당신의 어린 시절 경험이 성인이 된 당신이 다른 사람과 관계 맺을 때 어떠한 영향을 주었는가? 어린 시절 당신에게 일어났던 일 때문에 스스로에게 특정한 방식으로 행동하지 않으려는 적이 있는가? 당신이 바꾸고 싶으나 바꾸기 어려운 행동 패턴이 있는가?
12. 당신의 아동기가 성인으로서의 당신 자신을 생각하는 것이나 당신이 자녀와 어떻게 관계하는가를 포함해 당신의 삶에 일반적으로 어떤 영향을 주었다고 생각하는가? 당신이 자신을 이해하는 방식과 다른 사람과 관계를 맺는 방식에서 무엇을 바꾸고 싶은가?

이 두려울 때 안전감을 갖기란 쉬운 일은 아니다. 공포나 수치심이 없는 생각, 감정, 지각, 또는 바람과 관련되는 모든 기억에 대한 반영은 자율감을 줄 수 있다.

위와 같은 질문을 통해 어머니가 자신의 어린 시절을 반영할 수 있는 능력이 생기면 자녀에 대한 반응을 좀 더 융통성 있게 하게 되고 자신의 반응을 잘 깨닫게 된다.

그러면 어머니는 자신이 자기 부모와 다르게 자녀에게 반응함을 알 수 있게 된다. 그리고 자녀의 내적 세계에 더 개방적으로 되고 자녀의 행동을 핀잔하지 않고 자녀의 내적 세계가 자신의 것과 다르다는 점을 오히려 자랑스럽게 생각하게 된다. 자녀도 그러한 차이에 대해 자유롭게 이야기하게 된다.

04 즐겁고 수용적이며 호기심을 유발하고 공감적인 환경의 조성

아동이나 성인 모두에게 집은 편안히 쉬면서 안전감을 느끼고 웃고 울고, 희망과 꿈을 그리고 모험과 도전을 준비할 수 있는 곳이다. 즉 가정은 안전의 기반이 되는 곳이다. 세상사가 스트레스를 주고 너무 자극적일 때도 가정은 내가 재충전할 수 있는 곳이다. 즉 가정이 본연의 기능을 잘하면 우리의 안식처가 된다. 이렇게 가정이 안식처로서 기능하기 위해 휴스(Hughes)는 가정은 PACE를 형성할 수 있어야 한다고 주장한다. PACE란 즐겁고(playfulness), 수용적이고(acceptance), 호기심을 유발하고(curiosity), 공감적인(empathy) 환경을 말한다.

PACE는 서로의 발달에 상처를 주는 일 없이 서로의 발달을 소중히 여기는, 서로에 대한 태도와 자세를 뜻한다. PACE는 서로에게 무언가 특별한 것이 있으며, 모두 함께 은신처를 창출해 아무도 외로움을 느끼지 않게 되는 것을 말한다. 그러한 가정에서는 개개인은 가족을 위해 희생이 되지 않으며, 가정 또한 개인을 위해 희생하게 되지 않는다. 모든 사람, 즉 부모와 자녀의 권리가 가치 있으며

▶ 마냥 즐거운 영아

존중된다. 부모의 권위는 부모의 내적 삶이 자녀의 것보다 더 가치 있음을 뜻하는 것이 아니다. 가족 모두의 생각, 감정, 희망, 꿈, 기억, 의도, 가치, 신념 등이 항상 가족 내의 대화와 발달의 대상이 된다. 부모는 자녀를 보호하고 자녀의 욕구를 충족시켜 주며 자녀의 안전에 책임을 갖는다. 뿐만 아니라 자녀가 자신들과 함께 있으면서 안전감을 갖는가를 확인한다. 자녀가 안전감을 가질 때 이들은 부모의 지도나 규칙을 더 잘 수용하고 영향을 더 받는다. 아동이 자신의 특정 측면에 대한 부모의 비평에 대해 두려움을 가질 때 자녀는 그러한 자신의 측면에 대한 부모의 영향을 감소시킨다. 두려움은 일시적으로 복종을 가져올 수 있으나 장기적으로 줄 수 있는 순수 영향을 감소시키는 것이다. PACE는 부모에 대한 안전감을 촉진하는 동시에 자녀가 부모의 지도를 따를 준비가 되게 하고 아울러 자녀의 자아신뢰감 발달을 돕는다.

PACE는 어머니가 자녀와 같이 놀이와 대화를 할 때 나타나는 부모의 태도와 내적 삶을 바탕으로 이루어진다. 이러한 태도는 개방적이고 애정적이며 무조건적 사랑과 기쁨을 초래하는 상태이다. 그러한 태도를 가지면 영아는 특별한 노력 없이도 잘 성장한다. 이러한 태도는 부모-자녀 관계에서 안정애착형성을 촉진하는 데 결정적 몫을 하며 부모와 자녀 모두에게 도움이 되면서 자녀의 전체적 발달에 도움이 되는 풍부한 상호주관적 경험을 하게 한다. 좀 더 구체적으로 각 요소를 살펴보면 다음과 같다.

영아와는 즐거움 없이 상호작용을 한다는 것은 거의 생각할 수 없는 일이다. 잠을 자지 않고 깨어 있을 때 영아는 부모와 상호작용하기를 원한다. 영아가 바라는 것은 부모의 설교가 아니라 놀이이다. 영아는 리듬, 운동, 웃음이 함께하는 상호작용을 원한다. 대부분의 부모는 영아와 깍꿍놀이, 노래, 술래잡기 같은 놀이를 통해 영아와 즐거운 상호작용을 한다. 이러한 놀이를 통해 영아와 부모는 자신의 바람, 느낌, 의도를 교류한다.

신생아를 수용하는 것은 어려운 일이 아니다. 아기의 모든 것은 귀하고 옳아서 평가나 바꿀 필요가 있는 것은 없다. 아기의 행동은 부모에게 어려움을 주더라도 쉽게 수용이 된다. 영아를 둔 부모의 수용은 무조건적이다. 대부분의 가정을 보면 부모는 영아에 대해 흥분과 축복과 기쁨을 가지며 영아의 존재를 신의 축복으로 생각한다. 즉 대부분의 사람들은 아기를 있는 그대로 사랑스러운 존재로 받아들인다. 이렇게 영아를 있는 그대로 수용해 주고 아이가 거부나 조롱을 당하는 일이 없었을 때, 영아의 안전감이 촉진되는 것이다. 아동이 완전히 수용된다고 느낄 때 안전의 기반이 되며 영아는 자신의 오류에서 더 많은 것을 배우게 되고, 자신의 행동에 대한 부모의 결정을 받아들일 수 있게 된다. 즉 자신의 행동으로 자신의 가치가 저평가되거나 부모와 자신의 관계를 위협하지 않을 때, 아동은 자신의 오류를 자유롭게 탐색할 수 있게 되며 왜 부모가 자신의 행동이 바뀌어야 한다고 결정했는가에 대해 개방적이 된다.

4개월 된 영아를 둔 어느 부모가 어느 날 아기가 뒤집기를 하는 것을 보았다. 엄마는 박수를 치며 좋아라 하였고 아기를 다시 뒤집

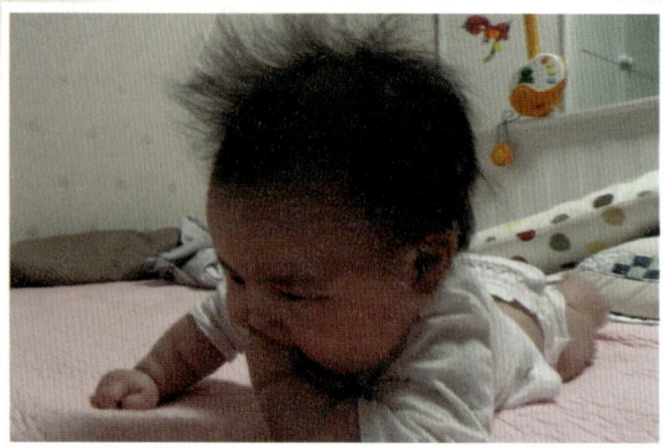

▶ 뒤집기를 하고 부모의 환호소리에 씩 웃는 영아

어 놓았다. 그러자 아기는 다시 뒤집기를 했다. 그러면서 엄마의 열광적인 소리와 박수에 응하듯 씩 웃음을 지었다. 우리는 임신을 시작으로 아기의 발달에 대해 호기심을 갖는다. 출생 후에는 하루하루 영아의 변화에 열광하고 기뻐한다. 이때 영아는 자기가 한 행동의 영향과 부모의 표현을 보게 되고 부모에게 긍정적 영향을 준 활동을 더 하게 된다. 아기가 성장하면서 아기도 호기심을 갖게 된다. 부모가 아기의 생각, 감정, 의도에 대한 개방적 호기심을 비판하지 않을 때 아동은 자신의 내적 삶에 대한 흥미를 발달시켜 나갈 수 있으며, 자신의 생각, 감정, 의도를 알아갈 수 있게 되고, 자신의 내적 삶을 진지하게 표현할 수 있게 한다. 이는 부모가 자녀를 더 잘 이해하게 하고 자녀는 부모가 자신을 이해함을 알 수 있게 해, 부모가 자녀의 행동에 제한을 두어도 이를 이해하고 수용할 수 있게 한다.

05 의사소통

우리가 가족 구성원들과 의사소통을 할 수 있는 능력은 우리 자신의 발달과 가족 관계에 핵심이 된다. 아동이 부모와 의사소통을 할 수 있는 능력은 그가 안전감을 느끼고 학습과 협동을 하고 다른 사람을 이해하고 또 이해 받을 수 있게 한다. 이는 아동이 다른 사람에게 영향을 줄 수 있게 하고 또 영향을 받을 수 있게 한다. 아울러 타인의 내적 삶뿐만 아니라 자신의 생각, 감정, 바람 그리고 의도를 포함하는 자신의 내적 삶을 알 수 있게 한다. 이러한 기술은 타고나는 것이 아니며 한마디도 할 수 없는 생후 첫 한 달 사이부터 급속하게 발달하는 것이다. 영아는 말을 할 수 없어도 의사소통을 하고 있으며 다른 사람과 절실히 의사소통을 하고자 하는 욕구를 가지고 있다.

06

정서적 교류

안정애착을 형성한 아동은 그렇지 못한 아동보다 건강한 정서발달을 보여 주고 있다. 안정애착 아동은 자신만이 아니라 다른 사람의 정서 상태를 더 잘 알고 또 정서를 잘 통제하고 의사소통을 한다. 이들은 안정감을 갖기 때문에 세상에 대해 매우 호기심을 갖고 가급적 이를 탐색하고자 한다. 이러한 태도는 이들로 하여금 모든 종류의 사건에 대한 정서 반응의 깊이나 범위를 넓혀 갈 수 있게 한다. 다양한 리듬과 의도에 정서적 상태가 연결되는 경험이 없으면 아동의 세계는 넓어지지 않는다.

내적 상태나 외적 상태에 대한 아기의 정서적 반응은 급격하고 강하다. 예를 들어 배가 고파도 갑자기 울어 대고 누가 큰 소리로 이야기해도 갑자기 울어 댄다. 이와 비슷한 정서적 반응이 부모와 상호주관적 경험을 할 때도 일어난다. 아기는 부모와 호혜적 상호작용에 매우 흥분하고 깊이 관심을 갖는다. 아기가 너무 강하거나 약하지 않고 중간 정도의 정서적 상태에 있게 되면 아기가 탐색을 할 수 있게 하고 탐색을 하는 동안 흥미와 주의를 유지하게 하고, 탐색하는 사건의 질과 속성을 알 수 있게 한다. 아기의 정서 상태가 너무 낮게 되거나 너무 높게 되는 것 또는 정서를 통제할 수 없게 되는 것을 피하기 위해 부모의 도움이 필요하다.

부모가 아기와 상호주관적으로 상호작용을 할 때 부모는 아기의 정서 상태와 맞출 수 있게 된다. 아기는 부모의 정서 상태와 맞게 머물 수 있어 통제된 상태에 머물 수 있으며 자신의 정서 표현과 관계되는 사건에 주의를 기울일 수 있게 된다. 만약 아기가 혼자 있게 되면 정서를 통제할 수 없게 되고 나아가 불안하게 된다. 이러한 경우 아기의 행동은 혼란스러워지고 경험에 초점을 둘 수 없게 된다. 적극적이며 자녀의 정서 상태와 맞는 애정 가득한 부모의 존재는 아기에게 자신의 정서에 압도되지 않고 자신의 정서적 반응을 통제해 상황을 전체적 경험 속에 통합할 수 있게 한다.

때로 아기도 자신의 정서를 통제할 수 있다. 이는 아기가 정서를 증가시키는 요인으로부터 상호작용을 하지 않게 될 경우이다. 아기가 부모와 상호주관적으로 작용하면 바로 아기가 자기 정서를 격앙시키는 요인으로부터 관심을 멀리할 수 있게 된다. 아기와 음이 맞는, 즉 조화가 되는 부모 또한 한숨을 돌리고 아기가 다시 안정될 때까지 기다릴 수 있게 된다. 아기와 정서적 교류를 위해서는 다음과 같은 사항이 필요하다.

첫째, 아기와 정서적으로 조화(emotional attunement)를 이루도록 하라. 정서적 조화는 상호주관성, 의사소통, 공감에 핵심이며 또한 안전감, 수용의 중심이다. 부모와 정서적 조화 없이 아기는 자신의 정서 통제 방법을 배우기 어렵다.

둘째, 당신 자신이 진정 말하고자 하는 것을 이야기하라. 부모로서 자신의 정서 상태를 자녀에게 이야기하는 것은 쉬운 일이 아니다. 그래서 자신의 정서를 숨기고 이성적으로 이야기하고자 한다. 그러나 자녀는 부모의 목소리가 자신을 향하지 않고 있으며 부모가 화가 났음도 안다. 이는 오히려 자녀의 불안을 높여 자신의 생각이나 정서에 대해 바르게 이야기하지 않게 한다.

셋째, 아동의 정서 표현에 개방적이어야 한다. 안정애착을 형성한 아동은 자신이 필요할 때 곁에 있고 민감하고 반응을 잘하는 부모를 둔 경향이 있다. 부모의 민감도는 아동의 정서와 일반적 감정적 상태를 알고 있음을 뜻하며 이러한 인지는 아동의 행동에 부모가 가장 최선의 반응을 할 수 있게 한다. 부모가 자녀의 감정을 알고 수용하는 경우 자녀의 정서적 발달을 돕고, 자녀의 내적 삶에 대한 의사소통을 할 수 있게 한다.

07 반영

영아는 선천적으로 내부 세계만이 아니라 외부 세계에 대해 호기심을 가지고 있다. 영아가 안전감을 가질 때 부모나 다른 사람들에게 흥미를 일으키는 이 세상은 그들에게도 매력적이 된다. 부모의 세계는 심리적, 문화적, 물리적 세계로 구성된다. 부모가 경험하는 것은 물리적 세계이나 그 경험을 심리적으로 그리고 문화적으로 어떻게 조직하는가는 바로 영아가 흥미를 갖게 하는 것이다. 영아는 부모의 경험을 통해 세상을 알아간다. 가족의 심리적 문화적 세계 속에서 영아가 어떻게 헤쳐나가느냐는 바로 영아에게 만족감과 앞으로의 자기 삶에 대한 확신의 정도를 결정하게 한다.

영아가 주관적 경험의 세계를 헤쳐나가기 위해서는 자기와 타인 안에서 이러한 경험을 인지하는 기술을 얻어야 한다. 즉 자신의 정서적 상태를 알 수 있고 그러한 정서, 감정의 상태는 있다가 사라질 수 있음을 알아야 하며, 그러한 감정을 통제할 수 있어야 한다. 또한 자신의 지각을 설명할 수 있어야 하며 타인과 다르다는 것을 알아야 한다. 자신이 의도하는 바가 무엇인지 알고 다른 사람의 의도도 간파할 수 있어야 한다. 자신의 내면세계를 알고 다른 사람에게 이야기할 수 있어야 한다. 이러한 과정으로 영아는 자신을 알게 되고 자신을 반영할 수 있게 되는데, 이러한 자신의 반영능력은 영아가 한 개인으로 성장 발달하는 데 결정적 요인이 된다.

영아의 반영능력을 촉진하기 위해서는 영아에게 풍부한 애정적, 반영적 경험을 하게 해 주는 것이다. 이는 삶을 반영하는 것이지 구체적으로 인지능력을 가르치는 것이 아니다. 자신과 다른 사람의 내적 삶을 알아가는 것은 아동이 부모나 다른 사람과 상호주관적 경험을 하면서 이루어지는 것이다. 만약 영아가 자신의 부모가 부정적으로 경험하는 것 같다고 생각하면 영아도 부정적으로 경험하게 되며, 이는 내적 세계를 탐색하고 싶은 의욕을 떨어뜨린다. 부모가 내적 삶에 대해 흥미가 없으면 영아도 별로 흥미를 갖지 못한다. 부모가 자신의 내적 삶에 대한 탐색과 발견에 흥미를 가지면 영아도 개방적이고 호기심을 갖는 태도를 갖는다. 영아의 반응적 기술을 촉진하기 위해서는 다음과 같은 점에 유의해야 한다.

첫째, 부모 자신을 반영해 주어라. 부모가 자신의 내적 삶에 대한 적극적 관심을 보여 줄 경우, 영아도 자신의 내적 삶에 대해 비슷한 관심을 갖는다.

둘째, 명확하게 의사소통을 하라. 부모가 자신의 생각과 감정과 관련된 의도를 비언어적으로든 언어적으로든 명확하게 알려 줄 때 자녀는 부모가 하는 행동의 의미를 더 잘 이해하게 된다. 부모가 자기 생각이나 감정, 의도에 대해 모호한 태도를 보일 때 자녀는 호기심보다는 불안을 느낀다.

셋째, 자녀와 자녀의 행동을 구별하라. 부모는 자녀의 내적 삶과 자녀의 행동을 구별해야 한다. 자녀의 어떤 행동이 격려되어야 하고 없어져야 할 것인지 부모는 비평보다는 수용, 호기심, 그리고 공감의 자세를 가져야 한다. 자녀는 자신의 생각, 감정, 의도를 알 수 있어야 반영기술을 발달시킬 수 있다.

넷째, 부모와 자녀가 다르다는 점을 인정해야 한다. 부모와 자녀가 내적 삶이 서로 다르다는 것을 인지할 때, 이들은 안전감을 갖게 되며 모두의 내적 삶이 꽃피게 된다. 서로의 차이를 수용해 주고 건강한 개인의 표상으로 볼 때 아동의 반영능력이 격려되는 것이다.

참고 문헌

- 구미향, 이양희(2000). 영아기 애착관련변인과 모성행동특성분석. 아동학회지, 21(4), 81~103.
- 김광은(2005). 성인 애착 유형에 따른 결혼만족도 및 부부 갈등 대처 전략. 한국심리학회지: 상담 및 심리치료, 17(3), 707~734.
- 박경자(1999). 영아의 애착안정성에 영향을 미치는 변인: 어머니의 민감성과 영아의 기질. 아동학회지, 20(3), 3~17.
- 석지은(2008). 애착과 결혼만족도와의 관계: 심리도식을 매개변인으로. 성신여자대학교 석사학위논문.
- 손혜련(1996). 유아의 사회적 능력과 모자간 애착 유아 기질 및 어머니의 양육행동간의 관계. 가톨릭대학교 석사학위논문.
- 양애경(2006). 부모의 맞벌이 유무와 유아-부모, 유아-교사 애착안정성간의 관계. 아동교육, 15(4). 197~212.
- 옥정(2012). 아버지 애착표상, 아버지 탐색 민감성, 유아애착안정성 및 유아발달간의 관계. 이화여대 박사학위 청구논문.
- 유효순(1985). 愛着類型과 探索行動과의 關係. 성균관대학교 박사학위논문.
- 유효순(1992). 유아의 애착과 사회성과의 관계에 관한 연구. 방송통신대학교 논문집. 15. 473~491.
- 유효순(2002). 유아의 애착안정도와 부모의 애착 및 양육태도와의 관계. 한국방송통신대학교 논문집, 34. 451~467.

- 유효순(2003). 유아의 애착안정성과 정서지능의 관계. 인간발달학회, 10(2), 19~31.
- 유효순(2007). 유아의 애착과 자유회상 및 암시성. 한국심리학회지: 발달, 20(2), 95~109.
- 유효순(2012). 어머니의 애착, 양육행동 및 유아의 기질과 유아 애착 간의 구조모형분석. 유아교육학논집. 16(3). 49~70.
- 이경숙 역(2005). 존 볼비와 애착이론. 학지사
- 이정희(1993). 취업모와 자녀간 애착안정성과 관련 변인간의 관계. 연세대학교 석사학위논문.
- EBS 성장보고서 제작팀(2009). EBS 특별기획 다큐멘터리 아기성장보고서. 서울: 예담.
- 전해령(2000). 유아의 어머니에 대한 애착과 정서지능과의 관계. 총신대학교 박사학위논문.
- 전효정(2003). 어머니-유아 애착의 세대간 전이의 메커니즘: 어머니의 내적 실행모델과 자녀 양육행동이 유아의 애착유형에 미치는 영향. 열린유아교육연구, 8(3). 159~174.
- 정옥분(2003). 아동발달의 이론. 서울: 학지사
- 정옥분, 정순화, 황현주(2009). 애착과 발달. 서울: 학지사.
- 진미경(2006). 영아의 애착유형과 어머니의 애착표상유형에 대한 연구. 아동학회지, 27(6), 69~79.
- 채진영, 이강이(2009). 어머니의 원부모에 대한 애착표상이 유아의 사회적 능력에 미치는 영향-어머니 양육행동의 매개효과를 중심으로-. 인간발달연구, 16(4), 95~114.
- 최진아, 박은민 (2011). 아동의 애착, 사회적 유능감, 정서조절능력 간의 관계. 가정학회지 49(10), 103~113.
- 한혜영(2004). 성인애착과 결혼만족; 부부 조망수용과 갈등해결 효

능감의 매개효과를 중심으로. 중앙대학교 석사학위논문

- 허윤진(2002). 어머니와의 분리경험과 타인 양육의 특성이 모-자간 애착에 미치는 영향. 서울여자대학교 특수치료전문대학원.
- 홍계옥(1994).유아의 기질 및 어머니의 양육행동과 모자 애착행동간의 관계. 고려대학교대학원 박사학위논문.
- 황현주, 정옥분(2006). 영아에 대한 어머니의 애착측정도구 개발과 타당화 연구. 인간발달학회, 13(3), 57~78

- Ainsworth, M. D. S. (1973). The development of infant-mother attachment. In B. M. Caldwell H. N. Ricciuti (Eds.), Review of child development research(Vol. 3, pp. 1~94). Chicago: University of Chicago Press.
- Ainsworth, M. D. S. (1967). Infancy in Uganda. Baltimore: Johns Hopkins University Press.
- Ainsworth, M. D. S. (1982). Early care giving and later patterns of attachment. In: M. H. Klaus, & M. O. Robertson (eds.), Birth, interaction, and attachment. Pediatric Round Table, No.6, Johnson & Johnson. pp. 35~43.
- Ainsworth, M. D. S., & Wittig, B. A. (1969). Attachment and exploratory behaviour of one-year-olds in a strange situation. In B. M. Foss (Ed.), Determinants of infant behavior (Vol. 4, pp. 111~136). London: Methuen.
- Ainsworth, M. D. S., Blehar, M. C., Waters, E., & Wall, S. (1978). Patterns of attachment: A psychological study of the Strange Situation. Hillsdale, N. J. :Lawrence Erlbaum Associates.
- Ainsworth, M. D. S., Blehar, M., Waters, E., & Wall, S. (1978).

Patterns of attachment. Hillsdale, NJ: Lawrence Erlbaum.

- Alexander, K. W., & Edelstein, R. S. (2001, April). Children's attachment and memory for an experienced event. Poster presented at the Biennial Meeting of the Society for Research in Child Development, Minneapolis, MN.
- Alexander, K. W., Goodman, G. S., Schaaf, J. M., Edelstein, R. S., Quas, J. A., & Shaver, P. R. (2002). The role of attachment and cognitive inhibition in predicting children's memory for astressful event. Journal of Experimental Child Psychology, 83, 262~290.
- Anderson, J.W. (1972). Attachment behaviour out of doors. In, N. Blurton-Jones, (eds) Ethological studies of child behaviour, pp 199~215. Cambridge University Press, Cambridge, UK.
- Atkinson, R.W., Anderson, H.R., Strachan, D.P., Bland, J.M., Bremner, S.A., & Ponce de Leon, A.(1999). Short term associations between outdoor air pollution and visits to accident and emergency departments in London for respiratory complaints. Eur. Respir. J. 13:257~265.
- Bartholomew, K. (1990). Adult avoidance of intimacy: An attachment perspective. Journal of Social and Personal Relationships, 7, 147~178.
- Bartholomew, K., & Horowitz, L. M. (1991). Attachment styles among young adults: A test of a four-category model. Journal of Personality and Social Psychology, 61, 226~244.
- Belsky, J. (1984). The determinants of parenting : A process model. Child Development, 55(1). 83~96.

- Belsky, J., & Fearon, R.M.P. (2002). Early attachment security, subsequent maternal sensitivity, and later child development: Does continuity in development depend upon continuity of caregiving? Attachment and Human Development, 4, 361~387.
- Belsky, J., Steinberg, L., & Draper, P. (1991). Childhood experience, interpersonal development, and reproductive strategy: an evolutionary theory of socialization. Child Development, 62, pp. 647~670.
- Bigner, J. J. (2006). Parent -child relations: An introduction to parenting. New York: Macmillan.
- Bost, K. K., Vaughn, B. E., Washington, W. N., Cielinski, K. L., & Bradbard, M. R. (1998). Social Competence, Social Support, and Attachment: Demarcation of Construct Domains, Measurement, and Paths of Influence for Preschool Children Attending Head Start. Child Development, 69, 192~218.
- Bowlby J., & Robertson, J. (1952). A two year old goes to hospital Proceedings of the Royal Society of Medicine, 46: 425~7.
- Bowlby, J. (1969). Attachment and loss: Vol. 1. Attachment. New York: Basic Books.
- Bowlby, J. (1973). Attachment and Loss, Vol. 2: Separation, Anxiety, and Anger. London: Penguin Books.
- Bowlby, J. (1979). The making and breaking of affectional bonds. London: Tavistock.
- Bowlby, J. (1982). Attachment and loss, Vol. 1: Attachment (2nd ed.) New York: Basic Books.
- Bowlby, J. (1988). A Secure Base: Clinical Applications of

Attachment Theory. London: Routledge.

- Bowlby, J. (1980). Attachment and loss: Vol.3. Loss. New York: Basic Books.
- Bretherton,I.(1985). Attachment theory: Retrospect and prospect. In I. Bretherton and E. Waters (Eds.), Growing points of attachment theory and research. Monographs of the Society for Research in Child Development, 209(1-2), 3~35.
- Bretherton, I., Ridgeway, D. & Cassidy, J. (1990). Assessing internal working models of the attachment relationship: An attachment story completion task for 3-year-olds. In M. Greenberg, D. Cicchetti & M. Cummings (Eds.), Attachment in the preschool years: Theory, research and intervention (pp. 273~308). Chicago: University of Chicago Press
- Bronfenbrenner, U. (1979). The ecology of human development: experiments by nature and design. Cambridge, Massachusetts. Harvard University Press.
- Calkins, S. D., & Fox, N. A. (1992). The relations among infant temperament, security of attachment, and behavioral inhibition at twenty-four months. Child Development, 63, 1456~1472.
- Carlson, E. A., Sroufe, L. A., & Egeland, B. (2004). The construction of experience: A longitudinal study of representation and behavior. Child Development, 75(1). 66~83
- Cassidy, J. (1994). Attachment and representations of peer relationships. Department of Psychology, University of Virginia.
- Cassidy, J., & Kobak, R. R. (1988). Avoidance and its relation to other defensice theory and research. Child Development, 65,

971~991.

- Chaplin, T. M. & Cole, P. M. (2005). The role of emotion regulation in the development of psychopathology. In B. L. Hankin, & J. R. Z. Abela (Eds.), Development of psychopathology: A vulnerability-stress perspective (pp. 49~74). Thousand Oaks, CA: Sage.
- Chess, S., & Thomas, A. (1983). Dynamics of individual behavioral development. See Levine et al 1983, pp. 158~75.
- Chisholm, J. S. 1999, Steps to an evolutionary ecology of mind in Biocultural approaches to the emotions, Cambridge University Press
- Chisholm, K. (1998), A three year follow-up of attachment and indiscriminate friendliness in children adopted from Romanian orphanages. Child Development, 69, 1092~1106.
- Clarkke, J. I. & Dawson, C. (1998). Growing up again: Parenting ourselves, parenting our children(2nd ed.), MN: Hazelden Information and Educational Services.
- Cohn, D.,Silver, D.,Cowan, P.,Cowan, C., & Pearson, J. (1992). Working models of childhood attachment and couples relationships. Journal of Family Issues, 13(4), 432~449
- Collins, N. L., & Read, S. J. (1990). Adult attachment, working models, and relationship quality in dating couples. Journal of Personality and Social Psychology, 58(4), 644~663.
- Cowan, P. A., Cohn, D. A., Cowan, C. P., & Pearson, J. L. (1996). Parents'attachment histories and children's externalizing and internalizing behaviors: Exploring family systems models of

linkage. Journal of Consulting and Clinical Psychology, 64(1), 53~63.

- Cox, M. J., Tresch Owen, M., Henderson, V. K., & Margand, N. (1992). Prediction of infant-father and infant-mother attachment. Developmental Psychology, 26, 474~483.
- Coyle, D. D., Newland, L. A., & Freeman, H. (2008). Predicting preschoolers' attachment security from parenting behaviors, Parents' attachment relationships and their use of social support. Early Child Development and Care, 180(4), 499~512.
- Craik, K. (1943). The Nature of Explanation, Cambridge University Press, London-New York.
- Crittenden, P. M. (1995). Attachment and psychopathology. In Goldberg, S. Muir, R. & Kerr, J. (Eds), Attachment theory: social, developmental, and clinical perspective. Hillsdale, NJ: The Analytic Press.
- Crockenberg, S. B. (1981). Infant irritability, mother responsiveness, and social support influences on the security of infant-mother attachment. Child Development, 52, 857~865.
- Crowell, J. A. & Treboux, D. (1995) A review of adult attachment measures: Implications for theory and research. Social Development. 4. 294~327.
- Das Eiden, R., Teti, D., & Corns, K. (1993). Maternal working models of attachment, marital adjustment, and the parent-child relationship. Paper presented at the biennial meeting of the Society for Research in Child Development, New Orleans, LA.
- Dehart, G. B., Sroufe, L. A. & Cooper, R. (2004). Child

Development: lts Nature and Course. McGraw-Hill.
- De Wolff, M. S., & van Ijzendoorn, M. H. (1997). Sensitivity and attachment: A meta-analysis on parental antecedents of infant attachment. Child Development, 68, 571~591.
- Deklyen M & Greenberg, M. T. (2008). Attachment psychopathology in childhood. Cassidy J. & Shaver. P. R(eds.) Handbook of attachment: Theory, research, and clinical applications. Guild Press. 637~665.
- Dozier, M., Stovall, K. C., & Albus, K. (1999). Attachment and psychopathology in adulthood. In Cassidy, J. & Shaver, P. R. (Eds), Handbook of attachment theory and research. New York: Guilford Press.
- Fantz, R. L. (1963). Pattern vision in newborn infants. Science, 140, 296~297.
- Finkel, D., Wille, D. E., & Matheny, A. P. (1998). Preliminary results from a twin study of infant-caregiver attachment. Behavior Genetics, 28, 1~8.
- Frankel, K. A., & Bates, J. E. (1990) Mother-toddler problem solving antecedents in attachment, home behavior, and temperament Child Development, 61, 810~819
- Freud, A. (1965). The writings of Anna Freud: Vol. 6. Normality and pathology in childhood: Assessments of development. New York: International Universities Press.
- Freud, A., & Dann, S (1951) An experiment in group upbringing. Psychoanalytic Study of the Child 6, 127~168.
- Freud, S. (1940). An Outline of Psychoanalysis. Wiltshire: Redwood

Press.

- Freud, S. (1957). Five lectures on psychoanalysis. In J. Strachey (Ed. & Trans.), The standard edition of the complete psychological works of Sigmund Freud (Vol.23, pp. 139~207). London: Hogarth Press. (Original work Publisked 1940).
- George, C, Kaplan, N, & Main, M. (1985). Adult Attachment Interview. Unpublished manuscript, University of California, Berkeley.
- George, M. R. W., Cummings, E. M., & Davies, P. T. (2010). Positive aspects of fathering and mothering and children's attachment in kindergarten. Early Child Development and Care, 180, 107~119.
- Gilliom, M., Shaw, D. S., Beck, J. E., Schonberg, M. A.,& Lukon, J. L. (2002). Anger regulation in disadvantaged preschool boys: Strategies, antecedents, and the development of self-control. Developmental Psychology, 38, 222~235.
- Goldberg, S. (2000). Attachment and development. Oxford University Press Inc.
- Goldberg, S., Washington, R. J., Neuman, J., Campbeel, K., & Fowler, R. (1991). Congential heart disease, parent stress, and infant-mother attachment. Journal of Pediatrics, 119, 661~666.
- Goldfarb, W. (1943). Effects of early institutional care on adolescent personalty. Journal of Experimental Education. 12, 106~129.
- Goleman, D. P. (1995). Emotional Intelligence: Why it can matter more than IQ for character, health and lifelong achievement. Bantam Books, New York.
- Goodman, G. S., Quas, J. A., Batterman-Faunce, J. M., Riddlesberger,

M. M., & Kuhn, J. (1994). Predictors of accurate and inaccurate memories of traumatic events experienced in childhood. Consciousness and Cognition, 3, 269~294

- Goossens, F. A. & van IJzendoorn, M. H. (2000). Quality of infants' attachments to professional caregivers: Relation to infant-parent attachment and day-care characteristics. Child Development, 61, 832~837.
- Grossmann, K.E., Grossmann, K., Winter, M. & Zimmermann, P. (2002). Attachment Relationships and Appraisal of Partnership: From early experience of sensitive support to later relationship representation. In Lea Pulkkinen & Avshalom Caspi (Eds.). Paths to successful development. Cambridge. Cambridge University Press, 73~105.
- Harlow, H. F. & Zimmermann, R. R. (1958). The development of affective responsiveness in infant monkeys. Proceedings of the American Philosophical Society, 102, 501~509.
- Hazen, C. and Shaver, P. (1987). Romantic love conceptualized as an attachment process. Journal of Personality and Social Psychology, 52(3), 511~524.
- Holmes, J. (1993). John Bowlby and attachment theory. London: Routledge.
- Howes, C., & Markman, H. H. (1989). Marital quality and child functioning: A longitudinal investigation. Child Development, 60, 1044~1051.
- Hughes, D. A. (2009). Attachment focused parenting: Effective strategies to care for children. W. W. Norton & Company, Inc.

- Isabella, R. A. (1994). Origins of maternal role satisfaction and its influences upon maternal interactive behavior and infant-mother attachment. Infant Behavior and Development, 17, 381~388.
- Izard, C. E., Youngstrom, E. A., Fine, S. E., Mostow, A. J., & Trentacosta, C. J. (2006). Emotions and developmental psychopathology. In D. Cicchetti & D. J. Cohen (Eds.), Developmental psychopathology: Vol. 1. Theory and method (2nd ed., pp. 244-292). Hoboken, NJ: Wiley.
- Jacobson, J., & Willie, D. (1986). The influence of attachment pattern on developmental changes in peer interaction from the toddler to the preschool period. Child Development, 57, 338~347.
- Johnson, M. H., Dziurawiec, S., Ellis, H. D. & Morton, J. (1991). Newborns'preferential tracking of face-like stimuli and its subsequent decline. Cognition, 40, 1~19.
- Johoson-Laird, P. N. (1983). Mental models: Towards a cognitive science of language, inference, and consciousness. Cambridge: Cambridge University Pesss.
- Kagan, J. (1971). Change and continuity in infancy. New York: Wiley.
- Kagan, J. (1984). The Nature of the Child. Basic Books, New York
- Kirsh, S., & Cassidy, J. (1997). Preschoolers' attention to and memory for attachment relevant information. Child Development, 68, 1143~1153.
- Kobak, R. R., & Hazen, C. (1991). Attachment in marriage: Effects of security and accuracy of working models. Journal of Personality and Social Psychology, 60, 861~869.
- Kochanska, G. (2002). Mutually responsive orientation between

mothers and their young children: A context for the early development of conscience. Current Directions in Psychological Science, 11, 191~195.

- Kotelchuck, M. (1976). The infant's relationship to the father: Experimental evidence. In M. E. Lamb(Ed.), The role of the father in child development. New York: Wiley.
- Krikorian, M. (2000). Emotional intelligence in relation to attachment type. Unpublished doctoral dissertation, Detroit Mercy University of Michigan.
- Lewis, J., Owen, M., & Cox, M. (1988). The transition to parenthood, III: Incorporation of the child into the family. Family Process, 27, 411~421
- Liotti, G. (1995). Disorganized/disoriented attachment in the psychotherapy of the dissociative disorders. In Goldberg, S., Muir, R. & Kerr, J. (Eds), Attachment theory: social, developmental and clinical perspectives. Hillsdale, NJ: The Analytic Press.
- Lorenz, K. (1965). Evolution and modification of behavior. Chicago: University of Chicago Press.
- Lyons-Ruth, K. (1996). Attachment relationships among children with aggressive behavior problems: The role of disorganized early attachment patterns. Journal of Consulting and Clinical Psychology, 3, 64~73.
- Lyons-Ruth, K., Alpern, L., & Repacholi, B. (1993). Disorganized attachment classification and maternal psychological problems as predictors of hostile-aggressive behavior in the preschool

classroom. Child Development, 64, 572~585.

- Lyons-Ruth, K., Easterbrooks, A., & Cibelli, C. (1997). Infants at social risk: Relations among infant maltreatment, maternal behavior, and infant attachment behavior. Developmental Psychology, 33, 681~692.
- Maccoby, E. E. (1984). Middle childhood in the context of the family. In W.A. Collins (Ed.), Development during middle childhood. Washington, DC: National Academy Press.
- Maccoby, J. A., Smow, E. E., & Jacklin, C. N. (1984). Children's dispositions and mother-child interaction at 12 and 18 months: a short-term longitudinal study. Developmental Psychology, 17, 146~157.
- Mahler, M., Pines, F. Bergman, A. (1975). The psychological birth of the human infant, New York: Basic Books, Inc.
- Main, M., & Weston, D. R. (1981). The quality of the toddler's relationship to mother and father: Related to conflict behavior and the readiness to establish new relationships. Child Development, 52, 932~940
- Main, M., Goldwyn, G., & Hesse, E. (2002). Adult Attachment scoring and classification system. Unpublished protocol, Department of Psychology, University of California, Berkeley.
- Main, M., Kaplan, N. & Cassidy, J. (1985). Security in infancy, childhood, and adulthood: A move to the level of representation. In I. Bretherton & E. Waters (Eds.), Growing points in attachment theory and research. Monographs of the Society for Research in Child Development, 50, 66~106.

- Mangelsdorf, S. C., & Frosch, C. A. (2000). Temperament and attachment: One construct or two? In H. W. Reese (Ed.), Advances in child development and behavior, Vol. 27. (pp. 181~220): Academic Press.
- Marrone, M.(1998). Attachment and interaction. London: Jessica Kingsley Publishers.
- Nakasawa, M., Teti, D. M., & Lamb, M. E. (1992). An ecological study of child-mother attachments among Japanese sojourners in the United States. Developmental psychology, 28, 584~592.
- Parke, R. D. & Buriel, R. (1998). Socialization in the family: Ethnic and ecological perspectives. In N. Eisenberg (Ed.) The handbook of child psychology : Social, emotional, and personality development, Fifth Edition, Vol. 3, (pp. 463~552). New York: Wiley.
- Peterfreund, E. (1983). The Process of psychoanalytic therapy. Hillsdale, NJ: Analytic Press.
- Raikes, H. A., & Thompson, R. A. (2006). Family emotional climate, attachment security, and young children's emotion knowledge in a high-risk sample. British Journal of Developmental Psychology, 24, 89~104.
- Raikes, H. A., Virmani, E. A., Thompson, R. A., & Pong, H. (2007). Declines in peer conflict from preschool through first grade: The importance of social cognitive rep resentations. Manuscript submitted for publication.
- Reite, M., & Boccia, M. L. (1994). Physiological aspects of adult attachment. In M. B. Sperling & W. H. Berman (Eds.),

Attachment in adults: Clinical and developmental perspectives (pp. 98~127). New York: Guilford.

- Rothbart, M. K., & Bates, J. E. (1998). Temperament. In W. Damon (Series Ed.) & N. Eisenberg (Vol. Ed.), Handbook of child psychology: Vol. 3. Social, emotional and personality development (5th ed., pp. 105~176). New York: Wiley. Temperament-Part 1 (pp. 105~139) & Temperament-Part 2 (pp. 140~176).
- Rubin, K. H., Hymel, S., Mills, S. L., & Rose-Krasnor, L. (1991). Conceptualizing different developmental pathways to and from social isolation in childhood. In D. Cicchetti & S. L. Toth (Eds.), Rochester Symposium on Deveolpmental Psychopathology: Vol. 2. Internalizing and externalizing expressions of dysfunction(pp. 91~122). Hillsdale, NJ: Erlbaum. et a., 1991
- Sable, P. (2000). Attachment and adult psychotherapy. Northvale, NJ: Jason Aronson.
- Salovey, P, & Mayer, J. D. (1990). Emotional intelligence. Imagination, Cognition and Personality, 9, 185~211.
- Sanson, A., & Rothbart, M. K. (1995). Child temperament and parenting. In M. Bornstein (ed.) Handbook of parenting. Hillsdale, NJ: Erlbaum.
- Schaffer, H. R., and Emerson, P. E. (1964). The Development of Social Attachments in Infancy. Monographs of the Society for Research in Child Development 29(3):1~77.
- Schneider, B., Atkinson, L., & Tardif, C. (2001). Parent child attachment and children's peer relations: A quantitative review.

Development Psychology, 37, 86~100.

- Sears, R. R. (1963). Dependency motivation. In M. R. Jones (Ed.). Nebraska Symposium on Motivation: 1963. Lincoln: University. of Nebraska Press, pp. 25~64.
- Sears, R. R., Maccoby, E. E., & Levin, H. (1957). Patterns of child rearing. Ecanston, IL: Row, Peterson.
- Seifer, R., Schiller, M., Sameroff, A. J., Resnick, S., & Riordan, K. (1996). Attachment, maternal sensitivity, and infant temperament during the first year of life. Developmental Psychology, 32, 12~25
- Shaffer, D. (2000) Social and personality development (4th Ed.). Belmont, CA: Wadsworth/Thompson Learning.
- Shah, P. E., Fonagy, P., & Strathearn, L. (2010). Is attachment transmitted across generations? The plot thickens. Clinical Child Psychology and Psychiatry, 15(3), 329~345
- Shaw, D.S., & Vondra, J.I. (1995). Attachment security and maternal predictors of early behavior problems: A longitudinal study of low-income families. Journal of Abnormal Child Psychology, 23, 335~356.
- Simmons, R. J., Goldberg, S. W., Washington, J. Fischer-Fay, A., & MacLusky, I. (1995). Infant-mother attachment and nutrition in children with cystic fibrosis. Journal of developmental and Behavioral Pediatrics, 16, 183~186.
- Siegel, L. A., & Hartzell, M. (2003). Parenting from the inside out. New York: Jeremy P. Tarcher/Putnam.
- Spangler, G., & Grossmann, K.E. (1993). Biobehavioral organization

in securely and insecurely attached infants. Child Development, 64, 1439~1450.

- Spitz, R. (1945). Hospitalism: An inquiry into the genesis of psychiatric condition in early childhood. The psychoanalytic study of the child, Vol.1, pp. 53~74. International Universities, New York.
- Spitz, R. (1960) The first year of life. Madison, CT: International Universities Press.
- Sroufe, L A (1983) Infant-care-giver attachment and patterns of adaptation in preschool: The roots of maladaptation and competence. In M Perlmutter (Ed), Development and policy concernmg children with special needs. Minnesota symposia on child psychology (Vol 16, pp 41~79) Hillsdale, NJ Erlbaum
- Sroufe, L. A. (1985). Attachment classification from the perspective of infant-caregiver relationships and infant temperament. Child Development, 56, 1~14.
- Sroufe, L. A. (1997). Psychopathology as an outcome of development. Development and Psychopathology, 9, 251~268.
- Sroufe, L. A. (2005). Attachment and development: A prospective, longitudinal study from birth to adulthood, Attachment and Human Development, 7, 349~367.
- Sroufe, L. A., & Waters, E. (1977). Attachment as an organizational construct. Child Development, 48, 1184~1199.
- Sroufe, L. A., Egeland, B., Carlson, E., & Collins, W. A. (2005). The Development of the person: The Minnesota study of risk and adaptation from birth to adulthood. New York: Guilford

Publications.

- Stright, A. D., Gallagher, K. C., & Kelley, K. (2008). Infant temperament moderates relations between maternal parenting in early childhood and children's adjustment in first grade, Child Development, 79, 186~200.
- Szewczyk-Sokolowski, M., Bost, K., Wainwright, A. (2005). Attachment, temperament, and preschool children's peer acceptance. Social Development, 14, 379~397.
- Tarabulsy, G. M.., Bernier, A., Provost, M. A., Maranda, J., Larose, S., Moss, E., et. al. (2005). Another look inside the gap: Ecological contributions to the transmission of attachment in a sample of adolescent mother-infant dyads. Developmental Psychology, 41, 212~224.
- Teti, D. M., & Ablard, K. E. (1989). Security of attachment and infant-sibling relationships: A laboratory study. Child Development, 60, 1519~1528.
- Teti, D., Gelfand, D., Messinger, D., & Isabella, R. (1995). Maternal depression and the quality of early attachment. Developmental Psychology, 31, 364~376.
- Teti, D., Sakin, J., Kucera, E., & Corns, K. (1996). And baby makes four: Predictors of attachment security among preschool-age first borns during the transition to siblinghood. Child Development, 67, 579~596.
- Thomas, A., & Chess, S. (1977). Temperament and development. New York: Brunner/Mazel.
- Thomas, A., & Chess, S. (1986). The New York longitudinal study:

From infancy to early adult life. In R. Plomin and J. Dunn (Eds.). The study of temperament: Changes, continuities, and challenges. Hillsdale, NJ: Lawrence Erlbaum.

- Thomas, A., & Chess, S. (1991). Temperament in adolescence and its functional significance. In R. Lerner, A. Petersen, & J. Brooks-Gunn (Eds.), Encyclopedia of Adolescence (Vol. 2). New York, NY: Garland.
- Thomas, A., Chess, S., & Birch, H. G. (1968). Temperament and behavior disorders in children. New York: New York University Press.
- Thompson, R. A. & Meyer, S. (2007). The socialization of emotion regulation in the family. In J. Gross (Ed.), Handbook of emotion regulation (pp.249~268). New York: Guilford.
- Thompson, R. A. (1998). Early socio personality development. In N. Eisenberg (Ed.),W. Damon (Series Ed.), Handbook of child psychology: Vol. 3. Social, emotional, and personality development (5th ed., pp. 25~104) New York: Wiley.
- Tomlinson, M., Cooper, P., & Murray, L. (2005). The mother infant relationship and infant attachment in a South African peri-urban settlement. Child Development, 76, 1044~1054.
- Valenzuela, M. (1990). Attachment in clinically underweight young children. Child Development, 61, 1984~1996.
- Vaughn, B. E., & Bost, K. K. (1999). Attachment and temperament: Redundant, independent, or interacting influences on interpersonal adaptation and personality development? In J. Cassidy & P. R. Shaver (Eds.), Handbook of attachment: Theory,

research, and clinic alapplications. (pp.198-225). New York: Guilford Press.

- Vaughn, B. E., Bost, K. K., & van IJzendoorn, M. H. (2008). Attachment and temperament: Additive and interactive influences on behavior, affect, and cognition during infancy and childhood. In J. Cassidy & P. Shaver (Eds.), Handbook of attachment (pp. 192~216), New York: Guilford Press.
- Vaughn, B. E., Lefever, G.B., Seifer, R., & Barglow, P. (1989). Attachment behavior, attachment security, and temperament during infancy. Child Development, 60, 728~737.
- Waters, E., & Deane, K. E. (1985). Defining and assessing individual differences in attachment relationships: Q-methodology and the organization of behavior in infancy and early childhood. In Bretherton, I., & Waters, E. (Eds), Growing points of attachment theory and research. Monographs of the Society for Research in Child Development, 50, 41~65.
- Waters, E., Vaughn, B.E., & Egeland, B. (1980). Individual differences in infant-mother attachment relationships at age one: Antecedents in neonatal behavior in an economically disadvantaged sample. Child Development, 51, 208~216.
- Weinfield, N. S., Sroufe, L. A., Egeland, B., & Carlson, E. (1999). The nature of individual differences in infant-caregiver attachment. In J. Cassidy & P. Shaver (Eds.), Handbook of Attachment: Theory, research, and clinical application (pp. 68~88). New York: Guilford Press
- Whiting, J. W. M. (1944). The frustration complex in Kwoma

society, Man, 115, 140~144.
- Young, J. Z. (1964). A model for the brain. London. london: Oxford University Press.
- Zeanah, C. H. (1996). Beyond insecurity: a reconceptualization of attachment disorders of infancy. Journal of Consulting and Clinical Psychology, 64, 42~52.